우리의 결이

-

같기를

-

바란다

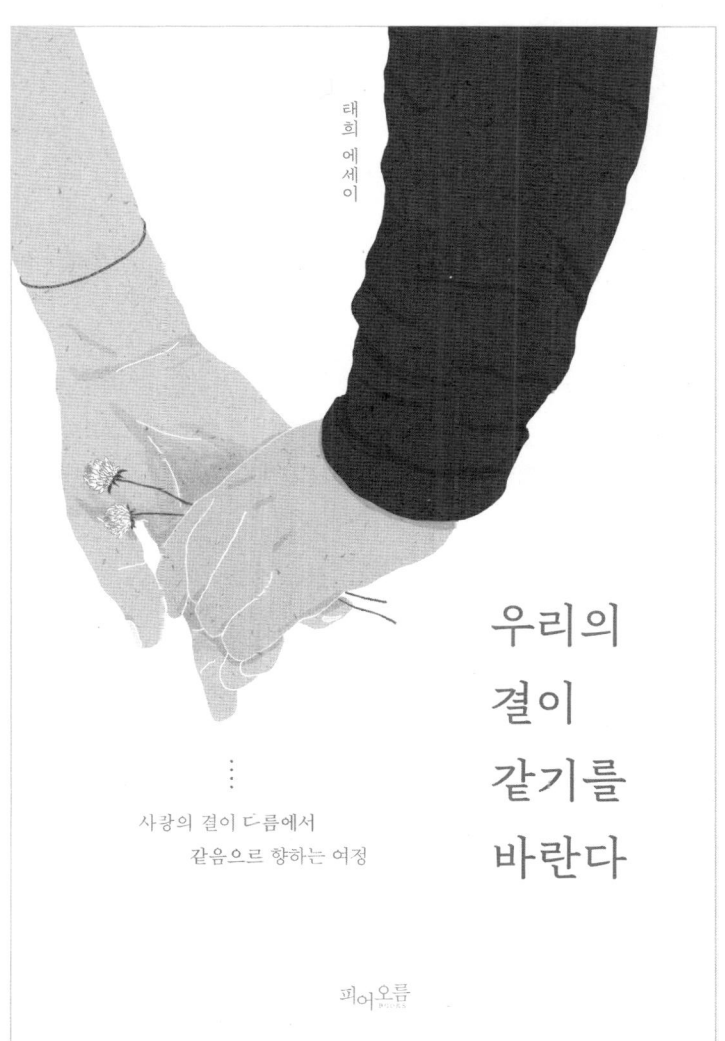

태희 에세이

우리의
결이
같기를
바란다

⋮

사랑의 결이 다름에서
같음으로 향하는 여정

피어오름

프롤로그

우리의 사랑에도 결이 있다면

 좋은 감정으로만, 행복하고 싶은 바람으로만 사랑을 시작하지만, 모든 사랑에는 서로의 결이 다름을 마주하는 상황이 예외 없이 찾아옵니다. 그 과정에서 우리는 수없이 부딪히고 아파하며 다름을 확인하고, 또 그 다름을 받아들이며 맞춰가고, 그렇게 사랑을 알아갑니다.

 이 책은 우리의 결이 다름에서 같음으로 향하는 여정을 담고 있습니다. 그렇기에 때로는 가장 날것의 현실을 그대로 보여줍니다. 우리가 같은 실수를 최대한 반복하지 않도록, 그 감정의 단계를 통해 사유하고 성장할 수 있도록, 어제보다 더 성숙한 오늘의 사랑을 준비할 수 있도록 끊임없이 이야기를 건넵니다.

 1장은 사랑을 할 때 우리의 다름이 일으키는 가장 현실적인 고민을, 2장은 이별을 통해 일어나는 감정의 변화와 이를 흘려보내는 과정을, 3장은 그 모든 시간을 딛고 성숙해지는 날들의 성장의 기록을, 4장은 다시 처음의 마음으로 사랑을 시작하는 설렘을 담고 있습니다.

사랑을 하기 전이라면, 사랑을 하며 아픔을 겪고 있다면, 앞으로도 더 예쁜 사랑을 하고 싶다면 이 책은 그 사랑의 미리보기가 되어줄 것입니다.

내가 처한 상황과 심경에 따라 그것을 표현하는 방식은 모두가 다를 것입니다. 그렇기에 더욱 이 책을 읽는 독자분들께서 그때의 나의 고민과 생각을 가장 잘 그려낸 페이지를 만날 수 있으면 좋겠습니다. 그렇게 나의 감정을 바라보고, 가장 아팠던 순간도, 가장 좋았던 순간도 모두 지금의 내가 되어 있음을 기억할 수 있으면 좋겠습니다.

언제나 제 글과 함께해주시는 독자분들께 진심으로 감사드립니다. 이 글을 읽고 계신 분들의 삶 곳곳에 매 순간 온기가 가득하기를 바랍니다. 어제보다 더 많이 행복한 오늘이기를, 더 많이 사랑하고 더 많이 사랑받는 날들이기를 바랍니다.

나아가, **우리의 결이 같기를 바랍니다.**

존재만으로 빛나는 당신께
마음의 결을 따라
태희 드림

차례

프롤로그 | 우리의 사랑에도 결이 있다면 · 4

- I -
다름 : 우리가 마주하는 가장 날것의 이야기

성숙한 연애를 한다는 건, 잘 참는다는 말의 동의어가 아니다 · 16
시간을 갖자는 말을 하지 말아야 하는 이유 · 19
가장 경계해야 하는 만남 · 21
자꾸만 하고 싶은 말을 삼키면 그 마음도 함께 멀어진다 · 24
네가 좋은 사람 만났으면 좋겠다는 말 · 26
네가 속물인 걸까 내가 부족한 걸까 · 29
헤어지자마자 사랑에 빠진 너 · 33
다시 연락이 닿은 전 연인에게 마음이 흔들릴 때 · 36
나와 오랜 연애 중이지만 아직 결혼할 생각이 없다는 사람 · 39
괴로워하면서도 상대방의 모든 일상에 집착하는 이유 · 42
내가 상대방의 상처를 치유해줄 수 있을까 · 44
한 달 뒤에 다시 연락하자는 말 · 48
나의 연인이 나를 깎아내리는 말을 한다면 · 50
진전 없이 썸만 타는 관계에 지쳐갈 때 · 53
내 애인이 이성 친구에게 가장 조심해야 하는 마음 · 56
결혼을 결심할 때 반드시 고민해야 하는 질문 · 57
정말 사랑하면 착각하게 하지 않는다 · 60

나의 연인이 나의 직업을 부끄러워한다면 • 62
속인 네가 잘못일까, 알아낸 내가 잘못일까 • 65
상황이 여의치 않아 썸이 길어졌는데, 네가 떠나버렸다 • 69
전 연인에게 연락이 온다는 건, 과거의 인연이 생각난다는 건 • 73
잠수 이별로 인한 상처, 벗어날 수 있을까 • 76
깊은 사이일수록 사소한 이유로 다툰다 • 80
이 사람을 그만 만나야겠다는 생각이 들 때 • 82
좋을 때 좋았던 건 이유가 되지 않는다 • 84
헤어졌다가 다시 만난 우리는 서로의 눈치를 봐야 했다 • 87
날 보면 자꾸 지난 일들이 생각나 힘들다는 사람 • 90
내 애인의 남사친, 여사친이 신경 쓰일 때 • 93
아직은 아니지만, 헤어지고 반드시 내게 오겠다는 사람 • 97
말하기 불편한, 묘하게 서운한 행동들 • 100
바람피우는 것을 알면서도 모른 척했던 마음 • 102
점점 화를 내지 않는 연인 • 106
부족한 결혼의 조건, 낮아지는 자존감 • 109
다시 만나는 날을 기약할 때 준비해야 하는 것들 • 113

- II -

안녕 : 이별의 이름으로, 잊어야 한다는 마음으로

혼자 좋아하고 혼자 실망하고 • 118

이별 후 절대 하지 말아야 하는 행동 • 120

너에게 상처를 주고 싶어 나를 괴롭힌 시간 • 122

이별 후, 왠지 화가 나는 상황들 • 125

사랑에 금방 빠지는 사람 • 127

결단력 있는 내가 이별을 못 받아들일 때 • 129

오래된 연인들은 • 131

우리의 마지막을 느끼던 순간들 • 133

조금 덜 사랑할 걸 그랬다 • 135

환승 이별을 대하는 자세 • 136

연인과 다툼 후 하지 말아야 하는 행동 • 138

외로움에 지지 않기를 • 139

알면서도 혹시 달라진 결말을 기대하는 마음 • 141

어쩌면 두려워했던 건 밀려나는 기분이었다 • 143

조금만 더 따뜻했으면 좋을 텐데 • 145

헤어짐이 힘든 진짜 이유는 • 147
애써 너의 싫은 점을 찾았다 • 148
헤어진 연인의 새로운 인연이 신경 쓰일 때 • 150
웃으며 안녕은 무슨 • 152
받는 것에 서투른 사람들 • 154
괜히 약속을 잡는 날 사람들을 만나는 날 • 156
휴대폰을 내려놓지 못한 시간 • 158
시답지 않은 대화가 그립다 • 160
왜 그랬냐면 내가 왜 더 많이 웃었냐면 • 162
내게만 존재하는 사람 • 164
이별 후 미움, 어떻게 덜어낼까 • 165
내가 싫었던 건, 네가 아니라 널 놓지 못하는 나였다 • 168
짝사랑이 길어지는 이유 • 170
어떤 이별에도 결코 스스로를 망치지 않는 방법 • 172
나는 너를 우리의 예쁜 모습으로만 기억하겠다 • 174

- Ⅲ -

같음 : 다름을 받아들이니 같음이 되었다

우리가 누군가를 미워할 수 있는 이유 • 178

어디부터 어긋난 걸까, 실타래의 끝을 찾고 싶다면 • 180

우리가 남이 되는 데 걸린 시간 • 183

아프지 말길, 행복하길, 언제가 되더라도 연락이 닿길 • 185

사랑을 할 때 가장 먼저 경계해야 하는 것 • 187

누군가를 만날 준비가 덜 되었음을 느낄 때 • 189

유독 사이가 돈독하고 오래가는 커플들 • 192

이별을 완전히 극복한 사람들 • 194

비가 오는 날 생각나는 사람이 있다면 • 196

받는 사랑에 익숙해지면 일어나는 일 • 198

조금 다른 인생을 설계할 타이밍 • 200

이별은 어쩌면 나의 세계가 무너져 내리는 것 • 203

연인을 지치게 하는 사람들 • 205

이런 사람을 만나고 싶다 • 208
밝은 음악을 듣고 있어도 울컥 흐르는 눈물의 의미 • 210
행복을 선물해줘서 고마워 • 212
모든 순간은 찰나가 되어버린다 • 213
너에게는 눈부신 반짝임이 있다 • 215
그리움의 대상이 된다는 건 • 217
계절의 향기는 가장 소중한 사람을 닮아 있다 • 219
울지 말기, 아파하지 말기, 더 많이 행복하기 • 221
외면뿐만 아니라 내면까지도, 내가 바라는 사람은 • 223
저마다의 기억 저마다의 행복 • 225
안부조차 전할 수 없는 사이가 된다는 것의 의미 • 227
그 마음 잊지 마 • 230

- Ⅳ -

우리 : 자꾸만 피식 웃음이 새어 나와

사랑에 빠진 사람들의 특징 • 234
아무리 깊이 사랑에 빠져도 결코 놓치지 말아야 하는 것들 • 236
자꾸만 연락하고 싶어지는 진짜 이유 • 238
절대 놓치지 말아야 하는 사람 • 240
행복이라는 단어를 정의 내릴 수 있다면 • 243
둘 중 누가 더 좋아하는지 알고 싶다면 • 245
사랑받는 느낌의 찰나의 순간들 • 247
나에 대해 가장 잘 아는 사람이 있다면 너였으면 좋겠다 • 248
맛있는 음식을 먹을 때 제일 먼저 생각나는 얼굴 • 250
모든 복잡한 감정을 이기는 힘 • 251
마음이 간질간질해지는 순간들 • 253

왜 마음을 아껴 • 255
너와 함께 있으면 왜 자꾸 웃음이 날까 • 256
진심이라면 잴 필요 없다 • 258
좋은 사람을 만나고 있다는 증거 • 260
사랑한다면 반드시 지켜야 하는 것들 • 262
나에게만 따뜻하던 좋겠어 • 263
사랑의 초심을 잃으면 일어나는 일들 • 264
당신이 나를 절대 놓치지 말아야 하는 이유 • 266
가장 완벽하게 행복한 순간에 대하여 • 268

에필로그 | 사랑을 하기 가장 좋은 나이는 • 270

I

다름 /

우리가 마주하는
가장 날것의 이야기

성숙한 연애를 한다는 건,
잘 참는다는 말의 동의어가 아니다

간혹 나이 차이가 많이 나는 커플이,
혹은 한쪽이 일방적으로 끌려가거나
맞춰주는 스타일의 연애를 하는 커플이,
그리고 그들 중에서도
나이가 어린 쪽이,
조금 더 많이 맞춰주는 쪽이,
상대방을 더 이해하려, 더 헤아리려
고군분투하는 경우가 있다.

상대방이 하루 종일 연락이 없더라도,
바쁘다는 말로 약속을 펑크 내더라도,
나와의 만남을 뒷전으로 미루더라도,
사랑한다는 표현을 자주 하지 않더라도,
나보다 다른 사람들을 먼저 챙기더라도,
연락이 두절 되더라도,

늘 사회생활이라는, 일이라는 핑계를 일삼더라도,

내가 이해심이 부족한 사람이 될까 봐,
혹시나 생각이 어리다는 취급을 받을까 봐,
배려심 없다는 말을 들을까 봐,
어른스럽게 굴어야 한다는 생각에,
성숙하게 연애를 해야 한다는 강박감에,
혼자 속앓이를 하며 자신을 옭아매는 경우가 있다.

아니다.
성숙한 사랑은
강박감에 시달리는 것이 아니다.

성숙한 사랑은
나를 없애야 하는 것이 아니다.

성숙한 사랑은
일방적으로 괴로운 것이 아니다.

오히려, 사랑을 하면

때로는 어린아이가 된다.

서로에 대한 배려가 있는 가운데에서
내가 가장 솔직할 수 있는 사람,
나의 모든 면을 가장 깊이 알고 있는 사람,
그것이 나의 연인이기 때문이다.

혹시나 사랑으로 괴로워하고 있다면
꼭 기억해야 한다.

성숙한 연애를 한다는 것은
잘 참는다는 말의 동의어가 결코 아님을.

시간을 갖자는 말을
하지 말아야 하는 이유

요즘 널 봐도 가슴이 뛰질 않아,
너무 익숙해진 것 같아,
이게 사랑인지 모르겠어,
권태기인 것 같아,
떨어져 지내는 시간이 필요할 것 같아,
혼자 있고 싶어,
우리 생각할 시간 좀 갖자.

아니,
어떠한 이유로도 시간을 갖자는 말은
아무런 의미가 없다.

그 시간이 결코 우리 사이가
더 좋아지기 위해 고민하는 시간이
되지 않기 때문이다.

그 생각할 시간 동안
함께 마음을 정리하는 것이 아니라면
대개 어느 한쪽은 해방감을 느낄 것이고,
그로 인해 어느 한쪽은
서서히 이별을 당하고 있게 된다.

생각할 시간을 갖자는 순간
자연스럽게 우리의 현재를, 우리의 문제를
회피하는 상황이 펼쳐진다.

만약 당신이 정말 우리의 관계가
더 나은 방향으로 흘러가기를 원한다면,
함께하는 방향으로 나아가기를 원한다면,

조금 불편하더라도
부디 현재의 우리 모습을
함께 마주할 수 있기를 바란다.

그 불편함이 오히려
우리의 지난 시간을 존중하는 방식이 됨을
기억할 수 있기를 바란다.

가장 경계해야 하는 만남

우리는 행복하기 위해 연애를 시작했는데
간혹 사랑을 하는 것이 오히려 나를,
나의 생활을 옥죄어오는 경우가 있다.

바로, 나를 불안하게 하는 사랑이다.

함께 있을 때는 참 좋은데,
난 이 사람과 있는 것만으로 행복한데,
이 사람만 있으면 세상을 다 가진 것 같은데,

떨어져 있기만 하면
이 사람이 뭘 하는지 일거수일투족을 알아야겠고,
내 눈에 너무 예쁘고 멋진 상대방이
다른 사람에게도 그렇게 보이는 것이 신경 쓰이고,
혹시 다른 이성과 연락하는 건 아닐까,

약속이 있다고 하면 이성과의 자리는 아닐까,
모든 것을 내가 직접 확인해야 속이 후련해지는,
그래서 내 생활이 모두 상대방에게 맞춰져버린,
내 개인의 삶이 송두리째 흔들리는 사랑.

풋풋한 연애의 감정에서 느끼는,
상대방에 대해 알아가고 싶은,
함께하고 싶은 감정과는 분명 다르다.

이 정도가 되면 스스로도 알고 있다.
설렘이 아닌 강한 불안감이라는 것을 말이다.

이는 대개
나를 향한 상대방의 사랑에
완전한 확신이 없을 때,
한 번이라도 누군가와 몰래
연락하는 것을 알게 되었을 때,
상대방의 진심이 내가 만족스러울 만큼
느껴지지 않을 때,
이미 마음이 떠난 상대방을 붙잡고 있을 때,

그래서,
내 욕심이 채워지지 않을 때 느끼는 것들이다.

매우 위험한 사랑이다.

이 생각에 매몰되어 과해지면
자칫 둘 다 망칠 수 있기 때문이다.

너만 가질 수 있다면
모든 것을 내팽개치고 싶은 마음,
내가 갖지 못하는 것은
누구도 갖지 못하기를 바라는 마음으로
이어질 수 있기 때문이다.

**자꾸만 하고 싶은 말을 삼키면
그 마음도 함께 멀어진다**

간혹 연인들 가운데
밀려오는 서운함과 마음의 상처를
말하지 못하고
꾹꾹 눌러 참는 경우가 있다.

정말 괜찮아서,
아무렇지 않아서가 아니라,
말하고 싶은데,
감정은 밀려오는데
속으로 억누르는 말.
속으로 삼키는 말.

또 화를 낼까 봐,
싸움이 될까 봐,
사이가 틀어질까 봐.

그렇게 눌러 삼킨 감정은
결국 안에서 곪아
우리의 관계를 더욱 멀어지게 한다.

상대방에 대한 이해가 아니라,
상대방에 대한 기대가 사라져
포기가 되어 버리기 때문이다.
그리고 종국에는
내가 사라져 버리기 때문이다.

이러한 관계는 시간이 흐를수록
자연스럽게 마음이 멀어진다.

꾹꾹 눌러 담아둔 감정은
어딘가에 반드시 상처로 남는다.
언젠가 반드시 탈이 난다.

네가 좋은 사람 만났으면
좋겠다는 말

많은 이들이 이별 후에 받은
마지막 메시지에 여러 의미를 부여한다.
그러고는 온갖 복잡한 생각들에 사로잡힌다.

아직 내게 마음이 남은 걸까,
다시 돌아오지는 않을까,
혹은,
나를 진심으로 사랑하긴 했던 걸까,
어디까지가 진심이었을까,
난 그저 어장 관리였던 것뿐일까,
도대체 무슨 마음인 걸까.

이렇게 여러 생각을 불러일으키는 말 중에는,
네가 좋은 사람 만나기를 바란다는 말이 있다.
네가 나와 있을 때보다 더 행복했으면 좋겠다는 말이 있다.

네가 너무 좋은 사람이어서 내가 미안하다는 말이 있다.

이 중 그 어떤 말도 아무런 의미가 없다.

그저 마지막에 이르러
조금 덜
나쁜 사람이 되고 싶은,
조금 더
좋은 마무리를 하고 싶은,
좋은 기억으로 남고 싶은,
그런 보기 좋은 멘트일 뿐이다.

중요한 것은
상대방은 내게 이별을 통보했고,
나를 더는 사랑하지 않는다는 것이다.

그것에 의미를 부여하는 것은
나의 헛된 바람일 뿐이다.

나는 이제 나의 내일을 살아가면 된다.

그 어떤 원망도, 분노도, 슬픔도 없이
그저 고맙고, 고마운 기억만으로
나를 위해. 그렇게.

네가 속물인 걸까
내가 부족한 걸까

연애는 여러 가지 형태를 띤다.
이때 호감을 갖는 이유 또한 다양하다.

누군가는 상대방의 내면을 본다고 하고,
누군가는 상대방의 외모가 중요하다고 말한다.
누군가는 상대방의 학벌을 본다고 하고,
누군가는 상대방의 재력이 필수라고 말한다.
누군가는 집안 배경을, 누군가는 직업을 강조하고,
누군가는 같은 취미를 갖는 것이 제일이라고 말한다.

그것이 복합적으로 나타나기도 하고,
만나다 보니 하나의 장점이 너무 커서
다른 것은 눈에 보이지 않기도 하고,
혹은 어느 하나의 부족함이 눈에 크게 들어와
때로는 그 하나가 불화의 시작이 되기도 한다.

그래서일까.
딱 하나를 꼬집어 이야기하기 힘든 것이
사람의 마음이다.

그런데 막상 상대방이 나의 부족함을 문제 삼으면,
그리고 그것의 이유가 현실적인 조건에 의한 것이라면,
우리는 대개 상대방을 속물이라 생각하며 원망을 한다.

하지만,
정말 조건을 따지는 것이 잘못된 걸까.

아니다.
그것이 상대방이 생각하는 연인의 조건이라면,
나아가 결혼을 생각하는 사람의 조건이라면,
그것은 그의 가치관이 그러한 것뿐이다.
그리고 내가 그 조건에 맞지 않는 것뿐이다.

그것을 이유로 상대방을 손가락질할 이유도,
원망의 시선을 쏟을 이유도 없다.

물론 태도가 갑자기 돌변했다면,
그것을 핑계로 나를 탓했다면,
당연히 마음이 상하고,
만남 자체에 대한 회의감이 들 수도 있다.
실망스럽고,
모든 것이 부질없이 느껴질 수도 있다.

당연한 감정이다.

다만 이때 중요한 것은,
상대방이 이미 내게 마음이 떠났다는 것.
그리고 정확히는,
언제가 되더라도 상대방에게는
그 조건이 분명 필요했을 거라는 것.

시기의 차이이자 각자 가치관의 차이일 뿐,
그것이 상대방이 꼭 나쁜 사람이어서도,
결코 내가 마냥 부족해서도 아니다.
그저 서로의 조건이 맞지 않았던 것뿐이다.

그러니 부디
내려놓을 수 있기를 바란다.
그에 대한 원망도,
나에 대한 자책도.
오직 나 자신을 위해서.

이는 우리가 살아가며
각자의 가치관이 존재함을, 다를 수 있음을
받아들이는 과정이기도 하다.
속상하더라도 그것이 결코
원망의 응어리가 되어서는 안 될 것이다.

헤어지자마자
사랑에 빠진 너

이별 후 새로운 사람을 만나기까지
어느 정도의 시간이 필요할까.

누군가는
마치 기다렸다는 듯 훌훌 털고
바로 새로운 사람을 만날 수도 있을 것이고,
누군가는
상대방을 잊지 못해, 혹은 그 상처로 인해
오래도록 새로운 만남을 시작하지 못할지도 모른다.
그렇기에 정답은 없다.

또한
새로운 누군가를 만났다는 것만으로
그의 상황과 감정의 변화를
함부로 단언할 수도 없다.

물론, 어떠한 이유를 안고서라도
나와의 이별 후 새로운 만남까지의 기간이 너무 짧다면,
당연히 받아들이기 힘들 것이다.

나와의 오랜 추억이 새로운 사람과의
짧은 만남보다 못한 걸까,
마치 없던 일 취급을 받는 것 같아
서운하면서도 분하고,
그 시간들이 모두 무의미해진 것 같아
나의 존재감이 나락으로 떨어지는 듯한
억울한 마음마저 들 것이다.

다만 한 가지 분명한 것은,
상대방이 이별에 아파하지 않는 것이
나와의 시간을 헛되이 여기는 것이라고
누구도 단정 지을 수는 없다는 것이다.

그러니 혹여나
그로 인해 마음 아파하고 있다면,
우리의 지난 시간이 모두 헛된 것이

된 것만 같은 기분에 사로잡혀 있다면,
그렇지 않다고, 괜찮다고 말해주고 싶다.

중요한 것은, 우리가 함께하는 동안
내가 그 시간을 어떻게 보냈느냐일 것이며,
그 시간을 통해 지금의 내가 있다는 것이다.

다시 연락이 닿은
전 연인에게 마음이 흔들릴 때

우연이든 아니든
전 연인과 마주하게 됐을 때,
그리고 잘 지냈냐며 차 한 잔을 할 때,
묘한 감정이 밀려온다.

다 잊었다고 생각했는데,
다시 봐도 아무렇지 않을 줄 알았는데,
그러고 보니 그때의 우리는 참 어렸는데,
지금의 나라면 그때와는 달랐을 텐데,
그 시절의 우리는 서로 부족했으니까,
잘 몰랐으니까,
풋풋했던 내 모습이 생각난다,
그래도 우리 참 좋았지.

또 만나고 싶다,

또 연락하고 싶다,
묘한 설렘에 내 감정이 무엇인지 헷갈린다.

생각의 꼬리를 조금만 더 들여다보자.

그 순간 밀려오는 감정은 익숙함이다.
익숙함에서 느껴지는 반가움이다.

한때 나를 가장 잘 알던 사람,
언제라도 나다운 모습으로 대할 수 있는 사람,
그래서 편안한 사람이라는,
자연스러운 기억의 연결고리일 뿐이다.

또한 그 감정은 양쪽 모두
현재 만나는 사람이 없다면 상관이 없다.
하지만 어느 한쪽이라도
그 옆에 누군가 있다면 거기까지여야 한다.

이는 그저
현재의 내가 과거의 감정에 취한 것뿐이기 때문에.

이는 그저
시간이 미화시킨 신기루이기 때문에.

나와 오랜 연애 중이지만
아직 결혼할 생각이 없다는 사람

연애의 기간이 길어지고 있다.

내가 언젠가 결혼을 한다면
당연히 이 사람과 하게 될 것이라고 생각하고 있지만,
그리고 한 번씩
이제는 결혼을 하고 싶다는 생각이 들지만,
주위에서도 으레 우리가 곧 결혼할 것처럼 묻지만,
어쩐지 그건 나 혼자만의 바람인 것만 같다.

오랜 연애 중에도 여전히
아직은 결혼할 생각이 없다는 사람.

지금은 때가 아닌 것 같아서,
지금 말고 나중에,
조금 더 준비되고 나서,

조금 더 이따가.

굳이 결혼의 필요성을 느끼지 못한다는 말,
이대로여도 충분히 잘 만나고 있지 않냐는 말,
결혼을 하기에는 아직은 이른 것 같다는 말,
지금은 준비가 너무 부족하다는 말,
지금은 각자의 커리어가, 내 꿈이 먼저라는 말.

아이러니하게도 그렇게 말하던 사람조차도
자신이 정말 푹 빠지는 사람이 나타나면
하루아침에 가치관이 바뀌어 바로 결혼하기도 한다.

충분한 대화를 통해 이루어진 관계라면,
서로가 같은 마음이라면 상관이 없겠지만,
그렇지 않다면,
한쪽이 원하고 있다면,
한쪽이 일방적으로 기다려주고 있다면,
그 말은 어쩌면 그저 나는 너와는
결혼할 마음이 없다는 말일지도 모른다.

간혹 오랜 연애의 끝이 이별이 되는 이유는
한쪽의 기다림이
너무 길어졌기 때문일지도 모른다.

괴로워하면서도 상대방의
모든 일상에 집착하는 이유

누군가를 좋아한다는 마음이
간혹 집착을 포장하는 좋은 핑계가
되는 경우가 있다.

나의 모든 일상이 상대방에게 맞춰져
그것에만 온 신경이 집중되어 버린 경우다.
대개 스스로도 이를 알고 있다.

그럼에도 그 정도가 심해지는 것은
잘못된 것임을 알면서도 그렇게 하지 않으면
내가 못 견디겠으니까,
어떻게든 알고 있어야겠으니까, 알아내야겠으니까,
그 이기적인 마음이 지배적이어서다.

너에게 내가 아닌 다른 세상이 펼쳐진다는 것을

용납할 수 없다는 마음이다.

내가 모르는 새로운 만남,
내가 모르는 새로운 일상,
내가 모르는 새로운 지인,
내가 모르는 새로운 환경,
내가 모르는 새로운 패턴.

자연스러운 공유가 아니라
강박중처럼 알고 싶어 하는 마음.

문제는 그것이 지나치면
온갖 부정적인 상상의 나래가 펼쳐진다는 것이다.

누군가를 좋아하면
그에 대해 궁금해하고 알고 싶은 마음은 당연하다.

하지만 그것이 지나쳐
본인이 펼친 상상의 나래가 스스로를 죄어온다면,
그리고 상대방이 지쳐간다면,
이제는 내가 나를 돌아봐야 하는 때다.

내가 상대방의 상처를
치유해줄 수 있을까

마음이 끌려 썸을 타기 시작했는데,
알고 보니 그에게 전 연인에 대한 상처가 있다.
그래서 지금은
누군가를 만나기가 겁이 난다고 한다.
또 똑같은 과정을 밟게 될까 봐,
또 상처받게 될까 봐.

이 이야기를 들으면,
대부분의 이들이 나는 다르다고,
내가 그 상처를 잊게 해주겠다고,
나를 믿어 보라고 이야기한다.

그리고 왠지 모를 모성애 혹은 부성애,
또 왠지 모를 정의감에 사로잡혀
내가 그 상처를 꼭 치유해주고 싶다고,

내가 그를 보듬어주고 싶다고 생각한다.
나라면 이 사람을 상처에서 꺼내줄 수 있다고,
나는 당신의 전 연인과 완전히 다를 거라고
생각한다.

분명 나는 그의 전 연인과 다르다.
나는 그 사람이 아니니까.

그러나 방향이 조금 잘못됐다.
내가 전 연인과 다르다는 것이,
상대방의 상처를 보듬어줄 수 있는
이유가 되지는 않는다.

정확히는,
내가 아무리 다른 모습을 보인다 한들,
그가 내게서 어떻게든 전 연인의 모습을
찾아내기 때문에 달라지지 않는 것이다.

어쩌다 한 번이라도 겹치는 모습이 나타나면,
기다렸다는 듯이 이야기한다.

역시 너도 똑같다고.
너도 결국 그럴 줄 알았다고.
그것 보라고, 내가 말하지 않았냐고.
이럴 거면 왜 넌 다르다고 말했냐고.

시간이 흘러 돌아보면,
모든 것은 이상하리만치
내 탓이 되어 있다.
내 잘못이 되어버렸다.

사람은 모두가 다르지만, 또 비슷하기도 하다.
완전히 다른 모습을 기대한다는 것은,
그때마다 자신에게 모든 것을
맞춰달라는 의미일 뿐이다.

상대방의 상처를 안아주겠다는 생각,
상대방의 상처를 보듬어주겠다는 생각,
상대방의 상처를 치유해주겠다는 생각.

아직 연인이 아니라 해도,

친구라는 이름의 관계에서도,
그 진심을 전하기 위해서는
정말 오랜 시간을 들여야 한다.
어떤 상황에서도 한결같은 모습으로.

분명 쉽지 않은 여정이 될 것이다.
내가 어떤 태도를 취하든
상대방은 내게서 끊임없이
전 연인의 모습을 찾고 있을지도 모르니까.

한 달 뒤에
다시 연락하자는 말

우리 생각할 시간 좀 갖자.
각자 시간 보내고 한 달 뒤에 보자.
연락할게.
그때도 똑같으면 우리 이렇게는 힘들 것 같아.
한 달 뒤에 보자.

한 달이라는 시간이 주는 의미는,
너에게도 생각할 시간을 주겠다는
마지막 호의일지도 모른다.

한 달이라는 시간이 주는 의미는,
곧 맞닥뜨릴 두려움과 거부감을 달래기 위한
잠깐의 유예기간일지도 모른다.

한 달이라는 시간이 주는 의미는,

지금 네게 모질게 굴지는 못하겠다는
알량한 배려일지도 모른다.

한 달이라는 시간이 주는 의미는,
그래도 정말 만에 하나,
일말의 기대감을 안고 싶다는
아주 작은 바람일지도 모른다.

아무도 모르는 그 마음은,
아마도 그 시간이 되어봐야 알 것이다.

그리고 그 시간이 찾아온다면,
어떤 결과에도 실망하지 말 것.
아파하지 말 것.
그 선택을 탓하지 말 것.

그러면 됐다.
그것으로 되었다.

나의 연인이 나를
깎아내리는 말을 한다면

연애를 하면서도
자존감이 떨어진다고 느끼는 때가 있다면,
가장 표면적으로 드러나는 상황은
외모에 대한 자신감이 떨어지는 때다.

그리고 연애를 하며 떨어지는 외모 자신감은,
실제 외모에 대한 객관적 평가와는 별개로
연인의 인성에 의해 좌우되는 경우가 훨씬 많다.

아무리 주위에서 적잖이 칭찬받는 외모라 해도
정작 자신의 연인이 깎아내리는 데에는
속수무책이 되기 때문이다.

그리고 그렇게 상대방의 외모 비하를
그저 장난이라는 혹은 애정 표현이라는 말로

놀리듯 내뱉는 이들은
이에 불쾌해하는 상대방에게
오히려 아무렇지 않은 듯 말한다.

장난치는 건데 뭐.
다 네가 귀여워서 하는 말이야.
농담 좀 한 것 가지고 예민하게 굴어.
웃자고 한 말이야, 넌 장난도 몰라?
여태 같이 잘 웃다가 갑자기 왜 정색이야.
아니 귀여우니까 그러지, 귀여우니까.
근데 뭐 틀린 말은 아니잖아?
난 기분 나쁘라고 한 말 아닌데?
정말 싫으면 널 왜 만나겠냐.
놀리는 게 아니라 애칭 같은 거야.
왜, 그 말이 얼마나 귀여운데.
난 정말 좋아서 하는 말이라니까.
다 너한테 애정이 있으니까 하는 말이지.
애정 표현이야.

이 경우, 두 가지로 생각할 수 있다.

하나는,
정말 평소에도 누구에게든 서슴없이
내키는 대로 대하는 성향의 사람인 경우.

또 하나는,
실은 그저 자신이 가장 편하다고,
만만하다고 여기는 사람에게만,
지금 그 대상이 내가 되어 나에게만 그러는 경우.

둘 중 어느 쪽도
나에게 좋은 건 없다.

나를 깎아내리는,
나의 자존감을 갉아먹는 연애가 지속되고 있다면,
이제는 내가 나에게
냉정하게 질문해야 할 때인지도 모른다.

이 사랑이 정말 행복한지를 말이다.

진전 없이 썸만 타는 관계에
지쳐갈 때

우리 무슨 사이야?
나는 네가 좋은데,
너는 나 어떻게 생각해?
우리 그냥 친구야?

모든 정황은 우리를 사귀는 사이라고 하는데,
상대방은 내게 아무런 말을 하지 않았다.

주변 사람들은 모두 사귀는 줄 알았다 하는데,
나도 그렇게 생각해도 되는 걸까, 아닐까.

이 모든 고민은
관계에 대한 확실한 정리를 하지 않았기 때문이다.

누군가에게는 확실한 정리를 하지 않고도

걱정이 없는 관계가 있고,
누군가에게는 확실한 정리를 하지 않으면
혼자 착각에 빠지는 꼴이 되는 관계가 있다.

그렇기에 이러한 고민을 하는 것도,
하지 않는 것도,
결코 이상한 일이 아니다.

그리고 고민이 된다면,
정리가 필요한 때가 된 것뿐이다.

내가 틀린 것이 아니니
그것을 마냥 기다릴 필요도,
정리하려는 모습이 혹시나 우스워 보일까
걱정할 필요도 없다.

만약, 상대방이 웬 착각이냐는 듯
질문을 하는 나를 이상한 사람 취급을 한다면
관계는 거기까지인 것이고,
그 모습마저 귀엽게 바라보며

이미 특별한 사이라 말한다면
그건 그것으로 잘된 일이다.

제3자에게 물을 필요도 없다.
어차피 타인의 추측은 아무런 의미가 없다.
오직 둘만 알고 있는 감정이자 관계다.

남녀 사이의 오랜 고민은
그저 내 자존감을 갉아먹을 뿐이다.

그럴 때는
한 번의 정리가 필요하다.
한 번의 용기가 필요하다.

혹시나 상대방이 나와 다른 생각일까,
그나마의 관계도 끊길까 걱정하지 말기를.

시간이 흘러 돌아보았을 때,
혼자 착각을 하고 있던 것보다,
오랜 시간 고민만 하고 있던 것보다
용기를 낸 내 모습이 백 배는 나을 테니까.

내 애인이 이성 친구에게
가장 조심해야 하는 마음

애인이 있는 사람이 다른 이성에게
가장 조심해야 하는 감정이 있다.

안쓰러워하는,
안타까워하는 마음이다.

이 따뜻하고 착한 마음은
다른 이성을 그냥 지나치지 못하게 한다.

선의로 시작된 그 마음은
자칫 선을 지키지 못하면,
오해와 분란의 씨앗이 된다.

자칫 내 애인이 불쾌하게 여기는 행위를
포장하는 명분이 된다.

결혼을 결심할 때
반드시 고민해야 하는 질문

평생을 함께하고 싶은 마음,
이 사람을 놓치고 싶지 않은 마음,
이 사람이라면 우리의 사랑이 영원할 것만 같은 마음,
이 순간의 행복을 오래도록 느끼고 싶은 마음,
내 사람이라고 세상에 알리고 싶은 마음,
나는 너와 함께라고 약속하고 싶은 마음.

이러한 마음에 확신이 더해져
우리는 결혼을 결심한다.

그리고 이때의 확신에는
행복보다 불행을 먼저 떠올릴 수 있기를 바란다.

더 많이 행복하기 위해 사랑을 하고
또 결혼을 결심하는 것이지만,

이를 조금 구체적으로 고민할 때에는
지금의 행복을 기준으로 생각하는 것이 아니라
혹시 모를 불행을 염두에 두고
생각해 보는 것이다.

이 사람과 함께라면
그 어떤 불행에도 좌절하지 않겠는가.

이 사람과 함께라면
그 어떤 근심 걱정도 문제가 되지 않겠는가.

이 사람과 함께라면
그 어떤 아픔도 이겨낼 수 있겠는가.

이 사람과 함께라면
그 어떤 어려움이 닥쳐도 무너지지 않겠는가.

이 사람과 함께라면
그 어떤 역경에도 끝까지 함께할 수 있겠는가.

그 고민에도 확신이 드는 사람,
그 고민에도 망설임 없는 사람,
그 고민에도 확답을 주는 사람.

그 사람과의 결혼이라면
앞으로의 평생을 함께해도 좋을 것이다.

그러한 사람이라면
절대 놓치지 말아야 할 것이다.

정말 사랑하면
착각하게 하지 않는다

우리 같은 마음인 걸까,
나는 이렇게나 좋아하는데,
우리 무슨 사이지?
정말 연애하는 거 맞나?
날 사랑해서 만나는 걸까,
나에 대한 마음이 도대체 뭐지,
그 사람도 날 좋아하기는 하는 걸까,
그 사람 마음을 잘 모르겠어,
그때는 분명 진심이었던 것 같은데,
그냥 착한 사람이어서 잘해준 걸까,
모두에게 친절한 사람이어서?
난 그 사람에게 특별한 사람이고 싶은데,
나 혼자 착각하는 걸까,
나는 너에게 뭐지?

애매한 친절,
애매한 표현,
애매한 약속,
이어지는 애매한 관계.

그 애매함으로 인해
나의 마음이 아파서는 안 된다.

분명한 건, 진짜 사랑하면
내가 아닐 거라 착각하게 하지 않는다.

주체할 수 없이
행동에서, 말에서, 눈빛에서
뿜어져 나오는
진짜 감정들,
진짜 표현들,
진짜 약속들.

정말 사랑하면
헷갈리게 하지 않는다.

나의 연인이
나의 직업을 부끄러워한다면

우리는 흔히 직업에 귀천이 없다고 말한다.
그리고 실제로 많은 이들이 그렇게 생각한다.
그런데 간혹 남들과 나를 비교하려 드는 사람들이 있다.

그렇다고 딱히 자신이 잘난 것도 아니면서
그저 내가 자신의 기준에 맞지 않는다는 이유로.

아니, 처음에는 괜찮다 말했으면서
시간이 흘러 나의 단점이 보이기 시작한 것인지,
아닌 척하며 넌지시 수차례 말을 꺼내는 그 의중은
분명 부끄러움일 것이다.

계속 그 일 할 거야?
주위에서는 아무 말 안 해?
솔직히 어른들이 좋아하는 직업은 아니잖아,

내 친구 애인은 안정적인 일을 한다던데,
혹시 다른 일 해볼 생각은 없어?
이런 직업은 어때?
평생 할 생각은 아니지?

내가 범죄를 저지르는 것도 아니고,
불법적인 일을 하는 것도 아니고,
그저 자신의 기준에 충족하지 않는다는 이유로
주위에 말하기를 창피해하고,
남들과 비교해가며,
자꾸만 같은 이야기를 꺼내어
나의 자존감을 깎아내리는 사람.

감히 말하건대,
좋은 인연이 아니다.

물론 그 사람도 분명 다른 누군가에게는
좋은 언니, 좋은 형, 좋은 누나, 좋은 오빠,
좋은 동생으로 비칠 것이다.

다만
그는 내게 좋은 사람이 아니다.
또한
그에게 나는, 나에게 그는
결코 좋은 인연이 아니다.

우리는 그저 서로에게
맞지 않는 인연이었을 뿐이다.

절대 자격지심을 안을 필요도,
자책할 필요도 없다.

우리는 가장 사랑하는 사람에게
나도, 나의 일도 충분히 존중받아야 함을
반드시 기억해야 한다.

속인 네가 잘못일까, 알아낸 내가 잘못일까

너의 바뀌어버린 태도, 눈빛, 말투,
모든 것에서 이상한 낌새가 있었다.
변명하는 말, 둘러대며 얼버무리는 모습,
의심하지 말라며 으름장을 놓기까지.

너는 늘 아니라 말했고,
동성 친구인 척 속였고,
어쩌다 내가 알게 되는 날에는
어쩔 수 없이, 아주 잠깐,
어쩌다 한 번이라는 말로
적당히 합리화했다.

그러다가 어느 순간 너는 적반하장이 되었다.

내가 너의 그 이상한 낌새에

둘의 대화를 엿봤다는 이유로,
둘의 관계를 알아냈다는 이유로,
아닌 척 접근해 사실 여부를 확인하려 했다는 이유로,
너는 오히려 나를 몰아갔다.
너에게 집착하는 사람으로,
몰래 훔쳐보기나 하는 나쁜 사람으로.

정말 내가 잘못한 걸까.
내가 나쁜 짓을 한 걸까.
모든 게 내 탓인 걸까.

아니다.
무언가를 몰래 행한 행위 자체는
바람직하지 않을지 모르나,
그것을 빌미로 삼아 상대방이 오히려
적반하장으로 나올 만한 상황이 아니다.

아마도 그 정도 상황까지 갔다는 건
반복된 정황으로 의심한 것일 테고,
결국 꼬리가 밟힌 것인데,

그것을 오히려 알아낸 사람의 잘못이라 한다면
더는 할 말이 없다.

그 논리대로라면,
결국 나는 그저 계속 속고 있어야 한다는
말밖에 되지 않는다.

그러면 상대방은 말한다.

너의 이러한 태도 때문에,
너의 이러한 면이 싫어서
다른 사람이 눈에 들어온 거라고.

그 또한 잘못이다.
어떤 이유에서였건,
동시에 만나는 행위를 해서는 안 됐다.

만약 정 그러고 싶었다면,
그것은 나와 헤어진 다음이라야 했다.
이는 책임을 전가하려는 핑계일 뿐이다.

그러니 이제는 상대방의 적반하장 태도대로
서로의 잘잘못을 가리는 것이 아니라,
가장 중요한 사실,
상대방이 나를 속였다는 것을 인지하고,
그 다음 선택을 해야 한다.

상대방의 거짓말과 적반하장 태도를 모두
감싸 안고 욕을 먹으면서도 계속 만날 것이냐,
아니면 그냥 진실을 알고
여기까지 마무리를 할 것이냐를 말이다.

여기에서 중요한 것은,
결국 상대방의 거짓말이 탄로 났다는 것이다.

상황이 여의치 않아 썸이 길어졌는데, 네가 떠나버렸다

서로 호감이 있음에도,
썸을 타는 기간이 길어지는데도
특별한 사이로 진전이 없는 관계가 있다.

학업, 취업 등의 이유로
내가 너에게 오롯이 사랑을 베풀 환경과
여건이 안 될 것만 같을 때,
어떤 이유로 잠시 멀리 떨어져 지내야 할 때,
네게 집중을 하지 못할 시기라 판단이 될 때,
혹은 내가 여전히 과거의 상처에 갇혀 있을 때.

그래서,
썸을 타면서도 한쪽이 상대방을
조금씩 밀어내고 있는 관계다.

서로의 마음을 어느 정도 확인한 후에도
혹시나 네게 상처를 주게 되는 건 아닐까
여전히 조심스럽고 두려워 그 마음을 받아주지 못하고,
또 제대로 표현하지도 못한다.

내가 감히 그래도 되나 싶은 작아짐에.
실은,
어느 것도 선택하고 싶지 않은 내 욕심에.

그렇다면 상대방의 입장에서 생각해보자.

내가 좋아하는 사람이 혼자 고민하면서
그것으로 충분히 나를 배려하고 있다고,
이 정도의 관계가 최선이라고,
그럼에도 자신의 진심은 전해질 거라고,
그러니 이러한 미지근한 관계가 서로를 위한 거라고
생각하고 있다면 어떻겠는가.

결국 이는, 받아들이는 입장에서는
영문도 모른 채 마냥 기다려야 하는,

그저 선택을 보류 당하고 있는 셈일 뿐이다.

이러한 상황에서
서툴고 두려워서 내가 내뱉어버린
우리는 그냥 아무 사이도 아니라는 말.
나는 그저 네가
좋은 친구로 느껴진다는 말.
여건이 되지 않아 조심스럽게 전한
지금은 누구를 만날 생각이 없다는 말.
나도 네게 마음은 있지만 아직은 자신이 없다는 말.
아직은 준비가 안 되었다는 말.
언젠가 고백할 테니 지금은 기다려 달라는 말.

누군가에게는 도드
이기적인 마음으로 들릴 뿐이다.

상대방 입장에서는
나는 그저 내가 걸 상처받고 싶어서,
적당히 좋은 사람으로 남고 싶어서,
그저 내가 편한 방식으로만 지내고 싶어서,

간만 보는 사람이었던 것일지도 모른다.

이로 인해 지금에 이르러
상대방의 식어버린 태도에 아쉬움이 남는다면,
이제 와서 다시 예전처럼 지내고 싶다면,
나는 이때까지의 나의 모든 감정에 솔직해져야 할 것이다.

그리고 내가 그동안의 우리의 관계를 선택했듯,
솔직함 후의 선택은
오롯이 상대방의 몫이 될 것이다.

전 연인에게 연락이 온다는 건, 과거의 인연이 생각난다는 건

잘 지내?
나야.
그냥 생각나서.
어떻게 지내나 궁금해서.
그냥 한번 연락해봤어.

문득 전 연인에게서 온 연락.

정말 안부를 전하고 싶었던 걸까,
아직도 내 생각을 하고 있는 걸까,
다시 만나고 싶은 걸까,
혹시 나를 잊지 못한 걸까,
여전히 나에게 마음이 있는 걸까,
왜 연락을 한 걸까.

시간이 흘러
전 연인에게 연락을 한다는 건,
과거의 지나간 인연이 다시금 떠오른다는 건,
현재를 잘 살아가고 있지 못하다는
의미일 수 있다.

그것이 직장 생활이든, 연애든,
가정생활이든, 현재의 상황이
잘 풀리지 않는다는 의미일 수 있다.

나의 현재에 정말 만족하면,
나의 현재에 정말 충실하면,
나의 현재가 정말 행복하면,
과거의 지나간 인연을 생각할 겨를이 없다.

만약 전 연인이 갑작스럽게 연락을 해온다면,
과거에 취해 그저 아주 잠시,
그 순간 현재를 잊고 싶은 마음일 수 있다.

그러니 그들의 연락에

너무 많은 의미를 부여하지 않기를.

혹시나 나 또한 과거의 인연이 생각난다면,
내가 현재 어떤 마음인가,
현재 어떤 상황인가를 돌아볼 수 있기를.

잠수 이별로 인한 상처,
벗어날 수 있을까

만약 연인이 잠수 이별을 택하면 어떨까.

당연히 납득하기 힘들 것이다.
내가 무슨 잘못을 했나 자책도 하고,
어디서부터 문제인지,
무엇을 어떻게 해야 할지 막막할 것이다.

시간이 흘러 누군가를 만나더라도,
조금만 평소와 달라지면
혹시 또 나를 떠나는 것은 아닐까 걱정되고,
잘해주면 잘해주는 대로
마지막을 준비하는 걸까 불안해질 것이다.

이별을 가늠하거나 예측할 수 없다는 전제는,
상대방이 언제든 내 곁을 떠날 수 있을 거라는

생각으로 이어진다.

충분히 그럴 수 있다.
어떤 일이든 그것이 일어난 원인을 모르면,
또다시 언제 어떻게 닥칠지 모를 상황에
대비할 수가 없다는 생각으로 불안해진다.

그러면 이제
문제를 조금 다르게 생각해보자.

만약 그 이별을 대비할 수 있었다면,
상황이 달라졌을까.
이별을 막을 수 있었을까.

그래, 그러면,
적어도 막지는 못하더라도
남은 상처는 지금보다 덜 했을까.

글쎄, 정답은 없겠지만
남는 것은 분명
다른 방식의 상처였을 것이다.

상처의 방식이 다를 뿐,
내가 상처받았다는 사실은
크게 달라지지 않았을 것이다.

모든 이별은 아프니까,
그 빈자리를 마주하는 것은 언제라도 힘드니까.

그러니
이별의 상처는 상처로 남을지언정
그날의 이별은 그날로 끝내야 한다.
그 상처를 지금의 인연에 가져와서는 안 된다.
현재 내 옆에 있는 사람을 위해서도,
나 자신을 위해서도.

반드시 기억해야 한다.
지금 내 옆에 있는 사람은
지난날의 그 사람이 아님을.

설령 또 같은 일이 일어난다 하더라도
이는 지난날의 이별과는 별개다.

이는 그저 현재 이 사람의 선택일 뿐이다.
내가 걱정한다고 해서 달라질 일이 아니다.

이별의 형태는 여러 가지가 있지만
그것이 의미하는 것은 같다.

그와 내가 남이 되었다는 것.
그것뿐이다.

어떤 상황에서도 우리는 오직
지금 내 옆에 있는 사람에게
최선을 다해야 한다.
그것뿐이다.

지난날의 상처를 털어버리고
부디 지금 이 순간이
언제나 최고의 행복이기를 바란다.

**깊은 사이일수록
사소한 이유로 다툰다**

깊은 사이일수록,
오래된 사이일수록,
다툼의 이유는 매우 사소한 경우가 많다.

이는 대개 표면적인 이유가
전부가 아니기 때문이다.

함께한 시간만큼, 알고 있는 깊이만큼
서서히 그러나 켜켜이 쌓여온 불편함이,
때로는 상대방의 태도에 대한 예측 가능함이,
더욱 큰 실망으로 다가오기 때문이다.

겉으로 보이는 사소한 이유는
그저 발화점이 되었을 뿐이다.

그래서 깊은 사이일수록,
상대방의 입장을 더욱 깊이 헤아리고
나의 태도를 더욱 바로 볼 수 있어야 한다.

그래서 깊은 사이일수록,
관계의 회복을 위한 기회가
무한하지 않을 수 있음을 기억해야 한다.

그래서 깊은 사이일수록,
사소함 뒤에 가려진 크고 복잡한
감정들이 있음을 기억해야 한다.

이 사람을 그만 만나야겠다는
생각이 들 때

사랑하는 사람과
더할 나위 없이 행복한 순간이 있고,
또 그 인연이
끝을 향해감을 느끼는 때가 있다.

그 끝을 느끼는 순간은 대개
이 사람을 통해 내 자존감이 깎여 내려감을
느끼는 때다.

나를 무시하는 듯한 말투,
애정 없이 툭툭 내뱉는 핀잔,
다른 사람과 비교하는 언행,
어느 순간부터
외모를 지적하는 모습까지.

이 사람의 말대로
정말 나 때문에 모든 것이 이렇게 된 걸까,
전부 내 잘못일까,
내가 그렇게 부족한 사람인가,
내가 정말 사랑받지 못할 사람인가,
내가 그렇게 못생겼나,
내 스타일이 그렇게 별로인 걸까,
내가 정말 그렇게 매력이 없나.

사랑을 하면 행복해야 하는데
나는 더 불행해지기만 한다.
사랑은 함께 해야 하는데
나 혼자만 짝사랑을 하는 것 같다.

사람에 대한 원색적인 비난과
외모에 대한 평가가 심하다 느낄 때,
내가 그 사람에게 남보다 못한 존재임을 느낀다.
이 사람이 더는 나를 사랑하지 않음을 느낀다.

우리의 끝이 찾아옴을 느낀다.

좋을 때 좋았던 건
이유가 되지 않는다

정말 다정했는데,
얼마나 따뜻했는지 몰라,
진짜 순수했어,
참 좋은 사람이었는데,
그런 모습 보일 줄 몰랐는데,
안 그랬는데,
그때 분명 진심이었어,
지금과는 전혀 달랐어,
우리 그때 진짜 사랑했는데,
정말 좋았는데.

시간이 흘러 애정이 식어감을 느낄 때,
상대방의 태도가 이전과는 다름을 느낄 때,
우리는 과거의 기억을 더듬으며
그때의 감정에 다시금 취하고자 노력한다.

그때가 진심이고
지금은 아니라고.
우리는 분명 다시 그때로
돌아갈 수 있을 거라고.

관계의 흐름이 달라졌을 때,
좋을 때 좋았던 건 이유가 되지 않는다.

풋풋한, 설렘 가득한,
온 세상이 아름다워 보이는 그 시기에는
으레 누구나 행복할 수 있기 때문이다.

정작 중요한 건
우리 사이가 가장 위태로운 순간,
가장 힘든 순간.
그리고 지금 이 순간,
그 관계를 위해, 우리를 위해
상대방이 어떤 모습을 보이는가다.

이미 식어버린 마음을 붙잡는 이유가 되기엔

과거는 이미 추억이 되어버렸을 뿐이다.

좋았던 기억에 취하는 이유는
이제는 나의 미련일지도 모른다.

헤어졌다가 다시 만난 우리는
서로의 눈치를 봐야 했다

헤어졌던 커플이 다시 만나면
서로의 눈치를 본다.

네가 또 같은 부분에서 화를 낼까 봐.
나를 여전히 지긋지긋하다고 생각할까 봐.
또다시 네 마음이 식어버릴까 봐.
괜히 다시 만났다는 생각을 할까 봐.

그래서
우리가 또 헤어질까 봐.

결국 그 눈치 보는 마음은
나 혼자 고군분투하고 있다는
초조함으로 흘러가 버린다.

결국 그 눈치 보는 마음은
나는 이렇게 노력하고 있는데
너는 대체 뭘 하고 있나 하는
원망스러운 마음으로 이어져 버린다.

결국 그 눈치 보는 마음은
우리의 관계는 그저
감정의 악순환일지도 모른다는
생각에 이르러 버린다.

결국 그 눈치 보는 마음은
어쩌면 우리의 재회는
나의 욕심일 뿐이었을지도 모른다는
답을 내려 버린다.

결국 그 눈치 보는 마음은
나는 이제 이러한 우리의 관계에
지쳐 버렸다는 표현을 하게 만든다.

그리고 결국은

실은 너도 나와 같은 감정의 과정을
겪고 있었음을 알아채 버리게 된다.

**날 보면 자꾸 지난 일들이 생각나
힘들다는 사람**

사랑하는 사이였던 우리에게
다툼이 있었다.
원인 제공은 내가 했고,
화해했으나 같은 이유로 상황은 반복됐다.

어느 순간에 이르러 너는 내게
자꾸만 지난 기억이 떠오르고,
또 그러한 상황이 벌어질 것만 같고,
그러다 보니 예전과 똑같이 지내기는
힘들 것 같다고 말한다.
우리 사이는 예전과 같을 수는 없을 것이라고.

어떻게 해야 예전에 다뤘던 그 감정들을
네가 내려놓을 수 있을까.
예전처럼, 우리가 다시 시작할 수 있을까.

내가 무엇을 어떻게 해야 하는 걸까.

이 상황에서의 선택권은
오롯이 상대방에게 있다.

나는 분명 이미
여러 차례 약속을 다짐했을 것이고,
매번 번복된 그 약속은 더 이상 의미가 없다.

상대방의 마음을 예전처럼 돌리기 위해,
상대방과의 관계를 회복하기 위해,
내가 할 수 있는 노력은
나의 변화가 말뿐이 아니라는 것을
아주 오랜 시간에 걸쳐 변함없이, 진득하게,
증명해 보이는 수밖에 없다.

혹시나 상대방이 다시금 들추더라도,
혹시나 상대방이 나에게 뭐라 하더라도,
혹시나 상대방의 마음이 식은 채
돌아서지 않는 듯하더라도,

나는 상대방을 재촉하지 말아야 하고,
닦달하지 말아야 한다.
나는 상대방에게 초조해하지 말아야 하고,
마음을 확인받으려 몰아세우지 말아야 한다.

기다림이 길게 느껴지더라도,
혹시나 그의 선택이
내가 원하는 것이 아니라 하더라도,
기다려야 한다.
받아들여야 한다.

그것이, 반복된 상황과
그로 인해 상처받은 상대방을 위해
지금의 내가 할 수 있는 최대의 배려이자
진심을 보이는 방법일 것이다.

얼마나 걸릴 지는 누구도 알 수 없지만
그만큼 믿음을 회복하기 위해서는,
마음을 전하기 위해서는,
반드시 필요한 과정일 것이다.

내 애인의 남사친, 여사친이 신경 쓰일 때

연인 사이에 끝나지 않는 문제,
남사친 여사친이라는 이름의 이성 관계.
그냥 친한 친구, 친한 지인이라는 이름으로
그렇게 포장되어 있는 관계.

상대방의 인간관계를 뭐라 할 수는 없겠지만,
적어도 나의 애인이 그것을 크게 신경 쓰거나
싫어한다면 고민해봐야 한다.
그리고 노력하는 기색을 보여야 한다.
연애를 하면서부터는 분명
혼자일 때와 똑같이 지낼 수는 없을 테니까.

그리고 이때, 숨겼거나 떳떳하지 못한
연락을 들켰을 때의 레퍼토리가 있다.

진짜 아무것도 아닌데,
진짜 아무 사이 아닌데,
네가 싫어할까 봐,
네가 걱정할까 봐,
네가 오해할까 봐,
네가 뭐라 할까 봐,
별 뜻 없이 한 행동이었어.

이성과의 연락을 숨기는 순간,
어떤 식으로든 그것을 상대방이 알게 되었을 때
충분히 오해할 수 있는, 아니,
오해해도 되는 상황임을 알아야 한다.

이성과 몰래 연락을 한 순간,
이미 그 사이는 떳떳하지 못하다고
상대방이 생각할 수 있음을 알아야 한다.

모든 관계를 미주알고주알 고하라는 것이 아니다.

이성을 대하는 태도가 연애를 하지 않을 때와는

달라질 수 있음을 받아들여야 한다는 의미이며,
이것은 우리가 연애를 할 때
상대방에게 지켜야 할 최소한의 예의인 것이다.

그리고 이미 대부분의 연인들은
나의 애인이 거슬려 할, 싫어할 사람이 누구인지,
왜 신경 쓰는지 알고 있을 것이다.

대개는 그것을 알고도
그 관계를 예전과 동일한 태도로 유지하며
모든 탓을 상대방에게 넘긴다.

이쯤에 이르러 우리는 이성 간의 우정에 대해
한 번쯤 생각해보아야 한다.

서로를 진심으로 오랜 우정이라 생각하는 이성 친구,
정말 소중하고 고마운 지인 사이는,
어느 한쪽이 애인이 생겨 예전과 같이 연락하지
못하더라도 이를 이해한다.

마치 누군가가 가로막아 연락을 못 해
애타고 절절한 상황이 아니라,
그저 자연스럽게 서로의 삶을 응원하며
자신의 삶을 살아간다.

학창 시절과 똑같이,
서로 애인이 없을 때와 똑같이 지내는 것이
진정한 우정이 아니라는 의미다.

각자의 삶을 건강하게 살아가면서
상대방의 삶 또한 존중하고 이해하고,
언제가 되더라도 반갑게 맞아주고,
상황을 받아들일 수 있는 것.
그것이 되어야 한다는 의미다.

그렇지 못한 사이라면,
예전과 똑같은 형태로
붙잡고 있어야 유지되는 사이라면,
그 관계가 무엇인지를 스스로 질문해봐야 할 것이다.

나의 연인을 의심병으로 몰아갈 것이 아니라.

아직은 아니지만,
헤어지고 반드시 내게 오겠다는 사람

사람들의 인연 가운데에는
내 의지와는 달리 마음껏 표현할 수 없는,
혹은 사회적으로 용인되지 못하는,
그러한 인연이 있다.

그리고 그러한 상황일수록
상대방은 더 매력적으로 와닿고,
현재 행복해 보이지 않는 상대방이 마냥 안쓰럽고,
당장 이루어지지 못하는 우리의 현실이 안타깝고,
더 애틋하고, 더 특별하게 느껴진다.

이때부터는 둘의 관계에 대한 생각은
이미 이성이 아닌 감성이 지배하기 시작한다.

상대방은 정말 나를 사랑하지만

상황 때문에 어쩔 수 없이
내게 오지 못하고 있다는 생각.

상대방이 진정으로 사랑하는 것은
현재 옆에 있는 사람이 아닌 나이기 때문에
언젠가 반드시 내게 올 것이라는 생각.

나의 사랑은 특별하다는 생각.
나의 사랑은 진짜라는 생각.
끝이 안 좋은 다수의 사례와는 다르다는 생각.

그러나 중요한 것은
그가 정말 나를 진심으로 사랑한다면,
내가 곤란할 상황을 만들지 않기 위해
최선의 노력을 했을 것이라는 점이다.

그럼에도 그가 망설이고 있다는 것은,
현실의 벽이라는 그럴싸한 핑계를 대며
일단 기다려 달라고 말하고 선택을 외면한다는 것은,
현재의 상황을 굳이 바꿀 의지가 없다는 것이다.

그럼에도 여전히 나를 사랑한다고 말하는 것은,
적당히 현재의 틀을 유지하며
나라는 휴식처를 마련한 채
암묵적인 이 설렘과 즐거움도
모두 손에 쥐고 싶기 때문인 것이다.

만약 나는 그를 맞을 준비가 되어 있는데
그는 나를 맞을 준비가 되어 있지 않다면,
한 번쯤 생각해봐야 한다.

이 만남을 지속함으로써
내가 얻는 것은 무엇인가를 말이다.

기다림은 선택일 것이다.
그러나 그로 인해 무엇을 얻게 될지는,
혹은 무엇을 잃게 될지는
아무도 모른다.

또한 나의 기다림은
누군가를 향한 칼이 될 수 있음을
반드시 기억해야 한다.

말하기 불편한,
묘하게 서운한 행동들

나를 향한 특별함이라 생각했던 친절을
다른 사람들에게도 하는 모습을 봤을 때.

연락처에 내 이름을
이름 석 자로만 저장해 두었을 때.

몇 번을 이야기한
내 취향을 기억하지 못할 때.

여러 사람들 앞에서
나를 낮춰 다른 사람을 띄워주려 할 때.

내가 선물한 물건을
한 번도 사용하지 않을 때.

우리만의 공감대나 추억을
다른 사람과도 따로 공유하고 있을 때.

가까운 사람들에게
내 이야기나 자랑을 일절 하지 않을 때.

성향의 차이라 치부하면
딱히 문제가 될 만한 것은 아니어서,
매번 말을 꺼내면
자꾸 속 좁은 사람이 되는 것 같고,
그냥 지나치기에는 쌓이면 쌓일수록
묘하게 감정이 상하는 행동들.

바람피우는 것을
알면서도 모른 척했던 마음

머리로는 아는데
마음으로는 받아들이지 못하는 상황.
특히 그러한 때가 있다면,
사랑에 빠졌을 때다.

연인의 잘못을 알았을 때,
내 친구의 일이었다면,
누군가의 이야기였다면,
당장이라도 헤어지라고 말했을 상황인데
정작 나는 그러지 못하고,
내 사람은 다르겠지, 다르겠지,
미안하다는 말 믿어보자며,
변할 거라 자기암시하며,
또 그렇게 만남을 이어간다.

내가 바보 같다는 것을 알면서도,
이게 아무 의미가 없다는 것을 알면서도,
이렇게 이어가는 것이 제대로 된 것이 아님을
머리로는 알면서도
그래도 혹시나 하는 마음에,
아니, 지금 당장의 이별이 겁이 나서
받아들이지 못한다.

상대방이 나를 떠날까 봐,
이번이 진짜 마지막이 될까 봐,
그 변화를 받아들이기가 두려워서,
알고도 모른 척을 할 때가 있다.

말하고 싶은데, 따져 묻고 싶은데,
그것이 불씨가 되어버릴까 봐,
끝을 알면서도
그 끝을 마주할 자신이 없어서,
망설인다. 모른 척해 버린다.
그렇게 속이 타들어 간다.

이 정도 감정이 됐을 때는
대개 비슷한 다툼이 반복됐을 때다.

처음에는, 나의 이성이 있을 때는,
불같이 화를 내기도 하고, 싸우기도 하고,
어쩌면 이미 수차례 헤어짐을 반복했을지도 모른다.
그렇기 때문에 더욱 망설인다.

이번이 진짜 마지막일까 봐.
그 마지막을 내가 불 지피는 셈이 될까 봐.
알면서도 외면하고 싶은 마음,
누구보다 괴로운 그 마음을 부여잡는다.

아니다.
그 괴로움은 나의 몫이 아니다.
그 두려움은 내가 겪어야 할 것이 아니다.

이는 단지
당장의 현실을 외면하고 싶어
더 큰 고통을 안는 것과 같다.

그럴수록 당신은
당신이 할 수 있는 모든 것을 다해
내려놓아야 한다.

반복될 고통 속에 나를 놓아두지 않기 위해서.
앞으로의 삶을 내가 나로서 살아가기 위해서.

점점
화를 내지 않는 연인

화를 잘 내지 않는 사람들의 이유는
크게 두 가지가 있다.

하나는,
모든 상황을 헤아리고 아우르는 혜안과
이해심을 가진 경우다.

어른들이 어린아이의 실수에
일일이 반응하지 않고,
미소 지으며 의연하게 넘길 수 있는 것처럼.

그리고 또 다른 하나.
처음에는 자신의 생각을, 입장을 전달하고
설득하기 위해 부딪히기도 하던 사람이
점점 화를 내지 않을 때는,

상대방에 대한 기대가 점점 사라지는 경우다.

물론, 서로에 대해 알아가며
달랐던 면이 맞춰지고 있기 때문일 수도 있다.
그러나 이는 어디까지나
서로가 함께 노력했을 때의 이야기다.

만약 한쪽의 일방적인 이해가 시작되었다면
그 마음을 자세히 들여다봐야 한다.

어쩌면 점점 화를 내지 않는다는 건,
상대방에 대해 포기하는 것들이
많아진다는 것인지도 모른다.

점차 상대방에 대해 기대를 하지
않는다는 것일지도 모른다.

사람은 대개 자신이
기대하는 것을 내려놓을 때,
포기하는 것들이 많아질 때,

더 이상 상대방을 설득할 수,
이해시킬 수 없다는 것을 알게 되었을 때,

더는 화를 내지 않는다.
더는 화가 나지 않는다.

부족한 결혼의 조건, 낮아지는 자존감

아무리 돈독한 사이였다 해도,
막상 결혼을 하려 하면
여러 가지 현실의 벽에 부딪히게 된다.

둘만의 문제가 아닌
생각지 못한 여러 의견과 주변 조건들.

둘의 감정만 좋으면 될 줄 알았는데,
전혀 다른 문제가 되었다.

집, 연봉, 혼수, 환경, 학력, 종교, 직업 등.
노력으로 맞추는 것도 있겠지만
대부분은 현실적으로, 당장 내 힘으로
어찌할 수 있는 일들이 아니다.

어느 순간 한쪽이 지쳐가고,
그렇게 이별을 해야 하는 것일까,
받아들이기는 쉽지 않다.

덕분에 내 자존감은 바닥을 치고 있다.
모든 것이 내 탓인 것만 같아서,
내가 부족한 것만 같아서.

내가 조금만 더 능력이 있었으면,
내가 조금만 더 잘났으면,
내가 조금만 더 조건을 맞출 수 있었으면,
이렇게 되지는 않았을 텐데.

내가 부족한 탓에,
내 문제로, 나 때문에,
우리가 더 잘되지 못했다는 생각.

아니다.
나의 잘못이 아니다.

현재의 내 모습이었기 때문에,
나의 현재의 가치관과 태도,
현재의 여러 조건이 맞물려
우리는 만났던 것이고,
결혼을 고민할 수 있었다.

지금 결혼 문제로 고민을 하는 것이,
결혼까지 이어지지 않은 것이,
나의 부족함 탓이 아니다.

만약 정말 모든 조건이 완벽한 상황이었다면,
나의 현재는 달라져 있었을지도 모른다.

현재의 그 사람을 만나지조차 못했을 수도,
우리의 추억조차 없었을지도 모른다.

이렇게 이야기하는 이유는,
당장 바뀌지 않는 가정을 하면서
홀로 자책하는 것이
아무 의미가 없기 때문이다.

마음은 아플지언정,
합의점을 찾기 위해 노력할지언정
그것은 그것일 뿐,
결코 스스로를 비난해야 하는 이유가 되지는 않는다.

현실의 벽에 고민하고 아파하는 당신,
당신은 더 잘 살아야 한다.
이를 통해 더 나은 나를 위해 나아가면 된다.

그것이 현재를 보내는 최선의 방법이다.

다시 만나는 날을 기약할 때 준비해야 하는 것들

드물지만,
여러 가지 이유를 핑계 삼아
언젠가를 기약하는 인연이 있다.

만약 그러한 상황이라면
그날을 위해 꼭 기억해야 할 것이 있다.

반드시 지금의 나보다
나은 모습이어야 할 것.

그것이 커리어가 됐든,
경제적 상황이 됐든,
혹은 외적인 모습이 됐든,
반드시 지금보다 더 나은 모습이어야 한다.

그날의 나는 반드시
자신감 있는 모습이어야 하며,
마음에서 우러나오는
여유 있는 미소를 지을 수 있어야 한다.

만에 하나라도 나에게
어설픈 동정을 느끼게 해서도 안 되고,
같잖은 우월감을 느끼게 해서도 안 된다.

적어도 우리의 관계의 선택에 있어
상대방이 내게 실망을 하는,
상대방이 먼저 마음을 내려놓고 싶게 하는,
그런 모습이어서는 안 될 것이다.

기다려온 날인 만큼
내가 선택할 수 있어야 한다.
또한 그 어떤 상황에서도
나의 미련이 남지 않을 수 있어야 한다.

그리고

그 사람과 관련한 모든 이유를 떠나
내가 나를 진정으로 사랑한다면,
내가 나를 진심으로 아낀다면,
나의 모든 하루는 언제나
어제보다 나은 오늘이어야 한다.

오직 그러한 날들의 연속이면 된다.

II

안녕

이별의 이름으로,
잊어야 한다는
마음으로

혼자 좋아하고 혼자 실망하고

혼자 좋아하고,
혼자 실망하고.

그 사이에는 생략된 말이 있다.

혼자 기대하고.

그렇게 문장은 완성된다.

혼자 좋아하고,
혼자 기대하고,
혼자 실망하고.

어쩌면 그것이 슬픈 이유는
그 마음을 아는 것이 나뿐이어서.

어쩌면 그것이 다행인 이유는
그 마음을 아는 것이 나뿐이어서.

혼자라는 이름은
그래서 어려운가 보다.

이별 후 절대
하지 말아야 하는 행동

이별 후에 절대 하지 말아야 하는,
이별 후 나를 망치는 행동이 있다.

바로 염탐하기.

상대방의 각종 SNS를 찾아가
몰래 들여다보거나
프로필의 변화를 계속 지켜보는 일.

이별 직후의 나는 판단력이 흐려져서
모든 상황에 의미를 부여하게 된다.

사진 한 장, 단어 하나마다
소설을 써내려 가는데,
그 소설은 하나같이 부정적이다.

이 행동은 결국 스스로의 목을 조이는 것과 같다.
오직 조급함과 불안함만이 있기 때문이다.

그러니 반드시
이것 하나만은 꼭 지키기를 바란다.

어떻게 해서든 졸개 염탐하지 말 것.

재회를 원하지 않는다면 더욱.
재회를 원한다면 더더욱.

너에게 상처를 주고 싶어
나를 괴롭힌 시간

가끔 그러한 경우가 있다.
나의 아픔을, 나의 상처를 알리고 싶은데
무엇을 어떻게 하면 좋을지를 몰라
내가 나를 더 아프게 하는 경우.

내가 울면 당신이 좀 미안해할까,
내가 아프면 당신이 좀 괴로워할까,
내가 힘들면 당신이 좀 죄책감을 안을까,

어떻게 해야
당신이 내 심정을 이해할 수 있을까,
어떻게 해야
당신이 나를 잊지 않을 수 있을까,
어떻게 해야
당신이 마음의 짐을 안고 살아갈 수 있을까.

너에게도 상처가 되었으면 하는 마음으로
내가 나를 괴롭히는 그런 아픈 날들.

내가 더 아파도 좋으니,
내가 더 힘들어도 좋으니,
이미 괴로울 만큼 괴로웠으니
더는 나빠질 것도 없다는 마음으로,
이미 이렇게 된 거 끝을 보자는 마음으로,
마치 더는 되돌아갈 곳이 없다는 마음으로.

만약 그렇게 해서라도 마음이 풀릴 수 있다면,
조금은 그 감정에서 해방될 수 있다면,
그것이 내 억눌린 심정을 해소하는 방법이 된다면,

그 또한 나의 선택이 될 수 있기에,
그 선택에 대한 정답은 없기에,
누구도 그것을 말릴 수는 없을 것이다.

다만, 그것이
너무 오랫동안 나를 갉아먹지 않기를 바란다.

그로 인해
행복해야 할 내 삶을 내팽개치지 않기를 바란다.
그것을 명분 삼아
나를 더욱 사지로 몰아넣지 않기를 바란다.

그저,
그것에서 자유로워질 수 있기를 바란다.
조금이라도
나의 행복을 위한 선택을 할 수 있기를 바란다.

이제는
내 옆에 있는, 내 곁에 함께하는 이들의
따뜻한 손을 붙잡을 수 있기를 바란다.

이별 후,
왠지 화가 나는 상황들

나는 이렇게 힘들어하고 있는데
그 사람은 친구들과 웃으며 아무렇지 않게
잘 지내는 것처럼 보일 때.

나에게 친구라 말했던 이와
연애하고 있는 것을 알게 되었을 때.

내게는 표현에 그렇게 인색하던 사람이
다른 사람을 진심으로 좋아하는 모습을 보일 때.

나와 함께했던 추억들을
새로운 사람과 처음인 양 행복하게 누릴 때.

내게는 세상 쿨하던 사람이
새로운 사람에게는 쩔쩔매고 있을 때.

나와는 미래를 꿈꾸지 않던 사람이
어느 순간 누군가와 결혼을 할 때.

나와 만날 때는 부탁해도 안 하던 것들을
새로운 사람에게는 모두 해주고 있을 때.

이별 후,
어쩐지 자꾸만 화가 나는 상황들.

아니, 어쩌면
아직 완전히 잊지 못했다는 불편한 방증들.

사랑에 금방 빠지는 사람

사랑에 금방 빠지는 사람들이 있다.

인생 최대의 가치는
진정한 사랑을 만나는 것이라
믿는 사람.

내가 사랑하는 한 사람만 있으면
세상 모두를, 모든 것을
등져도 된다고 믿는 사람.

아무런 조건이 없어도 괜찮으니
나를 사랑해주는 단 한 사람이면
충분하다 믿는 사람.

사랑을 시작하면

모든 것을 내어주는 것에
거리낌이 없는 사람.

유일하게
속마음을 드러내는 사람이
자신이 사랑하는 사람뿐인 사람.

많은 부분에서
늘 먼저 맞춰주는 것이
마음이 더 편한 사람.

실은
마음 어느 한편이
굉장히 허전한 사람.

결단력 있는 내가
이별을 못 받아들일 때

친구들의 연애 상담은 잘 해주다가도,
타인의 고민에는 곧잘 필요한 조언을 해주다가도,
막상 그 일이 내 상황이 되면,
내가 사랑에 빠지면,
그때의 그들과 같은 고민을 하고,
그때의 그들과 같은 실수를 한다.

머리로는 답을 아는데,
그것이 남의 일일 때는 잘 아는데,
제3자의 입장일 때는 결단력 있게 판단했던 일이
한순간에 무너져 버린다.

그것이 내 일이 되어버려서다.

내 일이 되면 객관성을 잃어버린다.

내 일이 되면 판단력이 흐려진다.
나도 모르게, 나의 무의식중에
내 일은 남들과는 다를 거라 생각한다.

내가 처한 현실을 부정하고 싶어서.
받아들이고 싶지 않아서.

그래서 이때에는 누군가의 이별의 조언이
큰 의미가 없다.

몰라서가 아니라,
알면서도 받아들이지 않는 것이기에.

아직은
그 답이 내 것이 되지 않았기에.

오래된 연인들은

오래된 연인들은,

서로의 취향을
누구보다 잘 알고 있다.

가장 편안한 모습으로
만날 수 있다.

서로에게 의지할 수 있는
존재가 되어 있다.

서로의 생활 패턴을
속속 알고 있다.

깊은 마음을

털어놓을 수 있다.

이 모든 것을 알고도
간혹 익숙함에 속아 상대방을
소홀히 여기는 경우가 있다.

간혹 영원히 내 곁에 있을 사람처럼
귀함을 모르고 대하는 경우가 있다.

우리의 마지막을
느끼던 순간들

건조한 말투와
나를 향하지 않는 얼굴의 방향.

줄어든 대화의 끝에는
자꾸만 우리의 이야기가 아닌
타인의 이야기가 이어질 때.

나를 바라보던 눈빛에서
애정이 아니라 공허함이 느껴질 때.

미래에 대한 약속이
우리의 앞으로가 아닌
우리의 추억이 되어버림을 느낄 때.

너의 세계에 더 이상

내가 들어갈 자리가 없음을 느낄 때.

끝을 고하지 않아도 느낄 수 있었고,
슬프게도 그 예감은 틀리지 않았다.

익숙함과 식어버림은 다르다.

익숙함에는 여전히
우리라는 울타리가 존재하지만,
식어버림에는 더 이상 우리가 없다.

조금 덜
사랑할 걸 그랬다

이렇게 오래 아플 줄 알았다면,
이렇게 오래 기억에 남을 줄 알았다면,
이렇게 오래 미안할 줄 알았다면,
이렇게 오래 빈자리를 느낄 줄 알았다면,
이렇게 모든 것이 고마움으로 남을 줄 알았다면,

조금 덜 사랑할 걸 그랬다.
조금 더 표현할 걸 그랬다.

환승 이별을 대하는 자세

우리의 행복했던 모든 날들이
아무것도 아니게 되어버린 날,
나와 헤어지자마자 너는 이미 다른 사람과
행복해할 준비가 되어 있다는 것을 알게 된 날,
나 혼자 죽을 듯이 아파할 때
너는 기쁘게 웃음 짓고 있던 날.

아쉽게도
나는 너의 축복을 빌어주지 못했다.
너도 나만큼 아파하기를 바랐다.

그럼에도
우리가 함께했던 그날들의
너의 미소만큼은 진심이었기를 바랐다.

그저,
그 시절의 기억은 추억으로 남을 수 있도록.
미움으로는 남지 않을 수 있도록.

그래도 여전히 너는 너의 삶을 살아가겠지.
그리고 여전히 나는 나의 삶을 살아가야겠지.

우리에게 남은 것은 그것뿐이었다.

연인과 다툼 후
하지 말아야 하는 행동

습관적으로 잠수 타기.
일단락이 된 후에도 메시지로 계속 몰아세우기.
친구에게 애인 흉보기.
기 싸움 하듯 상대방이 먼저 사과할 때까지 기다리기.
예전 잘못 끄집어내기.
상처가 되는, 선을 넘는 심한 말 퍼붓기.
홧김에 헤어지자고 말하기.

금방 수그러들 수 있는 사소한 시작도
자칫 돌이킬 수 없을 만큼
큰 싸움으로 번지게 하는 행동들.

외로움에 지지 않기를

외롭다는 감정 그 자체는
잘못된 것이 아니다.

외로움의 진짜 문제는 고립감이다.

처음에는 타인에 의해 느끼는 듯했던 외로움이
시간이 흐를수록 스스로를 고립시켜 버리게 된다.
시간이 흐를수록 스스로를 가둬 버리게 된다.

나중에는 내가 가둬놓은 세상이
나의 전부가 되어
이를 깨트리고 세상에 나가기가 더 어려워진다.

나는 당신이
외로움에 지지 않기를 바란다.

외로움마저도 즐길 수 있기를 바란다.

그것에 갇히는 것이 아니라,
그것은 그저 삶의 일부일 수 있음을
받아들일 수 있었으면 좋겠다.

**알면서도 혹시
달라진 결말을 기대하는 마음**

정말 좋아하는 영화는
몇 번이고 반복해서 보게 된다.

그리고 그 끝이
내가 바라는 결말이 아닐 때,
이미 알면서도
혹시 다른 결말이 나오지는 않을까,
혹시 내가 바라는 결말일 수는 없을까,
혹시나 하는 마음으로,
아닌 줄 알면서도
괜히 자꾸만 바라게 된다.

이미 알고 있지만,
이미 정해져 있지만,
그럼에도 혹시 이번에는

달라지지 않을까 기대하는 마음.

좋아하는 마음이 클수록,
많이 좋아하면 좋아할수록,
그 부질없는 마음은 무수히 반복된다.

영화도, 사랑도, 모두.

어쩌면 두려워했던 건
밀려나는 기분이었다

외로움을 느끼기 시작할 때
마음이 불편해지는 이유는
밀려나는 기분 때문일지도 모른다.

내가 있어야 할 자리,
내가 들어야 할 목소리,
내가 누려야 할 우리의 공감대가
어느 순간부터 내 것이 아닌 기분.
나보다 더 소중한 무언가가, 누군가가
그 곁에 있다는 것을 알아채는 기분.

연인 사이든, 친구 사이든,
어느 소속에서든, 어느 분야에서든,
기존의 내가 있던 자리에서 밀려나는
그 기분이 내 마음을 불편하게 한다.

현재의 나의 위치가 예전과 같지 않다는
그 현실이 어쩌면 우리에게
두려움을 안겨주는 것일지도 모른다.

조금만 더
따뜻했으면 좋을 텐데

내가 바라는 것은
아주 약간의 따듯함이었다.

너라는 사람이 좋아
다른 것은 이미 충분했기에,

그저 나에게 보이는
진심이 있으면 했던 마음.

그저 조금은
다정하게 말해주었으면 했던 마음.

적어도 남들에게 하는 것만큼은
내게도 해주었으건 했던 마음.

나에 대한 너의 마음을
꼭 표현해줬으면 했던 마음.

너를 향한 나의 마음이
바보가 되지 않기를 바랐던 마음.

내가 바라는 것은
아주 약간의 따뜻함이었다.

헤어짐이 힘든 진짜 이유는

헤어짐이 힘든 진짜 이유는,
이제는 더 이상
네게 닿을 수 없다는 그 사실이
미치도록 슬프게,
사무치게 외롭게,
복잡하리만치 많은 생각이 들게,
다른 일은 아무것도 손에 잡히지 않게,
더 이상 누구도 만날 용기가 나지 않게
하기 때문이다.

**애써 너의
싫은 점을 찾았다**

나는 여전히 네게 마음이 있는데,
너는 우리가 아니라고 말한다.

나는 아직 너와 함께하고 싶은데,
너는 이제 그만이어야 한다고 말한다.

그 가슴 아픈 일들의 연속이 되면서,
네가 나를 밀어내는 모습을 보면서,
나는 애써 그래야 하는 이유를 찾는다.

저런 모습은 정말 별로야,
저 습관은 앞으로도 못 고칠 거야,
이제 보니 그렇게 대단한 외모도 아니네,
다른 사람에게도 분명 저러겠지,
역시 나랑 정말 안 맞아,

어차피 평생을 함께할 성격은 아니었어,
더 만나봐야 분명 고생했을 거야.

어쩌건 현실,
어쩌면 그저 자기암시.

그나마 마음을 정리할 수 있는,
접을 수 있는,
스스르를 위한 조금 서툰 명분들.

그렇기 나는 애써 너의 싫은 점을 찾았다.

여전히 네가 좋아서.
몇 번이고 반복해서.

헤어진 연인의
새로운 인연이 신경 쓰일 때

헤어졌는데도 여전히
상대방에게 마음이 남아 있다는 것을
부정하지 못하는 상황이 있다.

네가 누군가를 만나는 건 아닐까 신경 쓰일 때,
네가 관심 보이는 이성이 싫을 때.

미련이다.

그 사람의 마음에
다른 사람이 들어오는 것이 싫은,
그 자리에 내가 다시 들어가고 싶은,
내가 그 마음에 들어가지 못한다면
앞으로도 비어 있기를 바라는.

그 이성이 문제여서가 아니라,
그 사람의 마음에 들어오는 누군가의
존재 자체를 받아들이지 못하는.

슬프지만,
마음 아프지만,
받아들이기 힘들겠지만,
이제 내려놓아야 한다.

그 사람의 행복을 빌어주지는 못하더라도,
그 사람의 사랑을 응원하지는 못하더라도,
적어도,
내 것이어야 한다는 마음은 내려놓아야 한다.

그 사람을 위해서가 아니다.
나를 위해서다.

웃으며 안녕은 무슨

웃으며 안녕은 무슨.

난 네 행복
못 빌어주겠어.

아니 솔직히
그냥 불행했으면 좋겠어.

나보다 좋은 사람
안 만났으면 좋겠고,

네가 미치도록
힘들어했으면 좋겠어.

그렇게 네가 나

평생 못 잊었으면 좋겠어.

나랑 헤어진 거
두고두고 후회했으면 좋겠어.

그리고 한 번은
다시 연락 오면 좋겠어.

그리고 그때는,
꼭 내가 거절할게.

못났지만, 부끄럽지만,
순간의 감정에
한 번쯤 가장 솔직한 마음.

받는 것에 서투른 사람들

받는 것이
익숙하지 않은 사람들이 있다.

받을 때 마음의 빚을 느끼는 사람.

그래서 그냥
내가 주는 것이 더 편한 사람.

그저 내가 받고 싶은 것을
먼저 주는 사람.

그러다가도
어느 한순간에는 상처도 받고,
그들에게는 아무 잘못이 없으니,
내가 원해서 한 일이니,

기대도 실망도 말아야지,
스스르를 다독이는 사람.

남들에게 받지 못하는 사람.
먼저 주기만 하는 사람.

괜히 약속을 잡는 날
사람들을 만나는 날

우리가 이별의 무게를 느낄 때 하는 행동에는
애써 그것을 떨치기 위한 노력들이 있다.

혼자 있는 시간을 보내다가도 문득
잊어야지, 털어내야지, 살아가야지 하는 마음에
일부러 바쁘게 지내보려고 할 때
괜히 약속을 잡고, 괜히 사람들을 만나려 한다.

그리고 그 무리 안에서 공허한 웃음을 짓는다.
조금이라도 이겨내기 위해,
살아내기 위해, 나아가기 위해 몸부림을 친다.

집으로 돌아오는 길이 허망할지언정 그래도
뭐라도 해보겠다는 그 마음을 기특해해야 할까.

많은 이들이 그렇게 또 오늘을 보낸다.

괜히 약속을 잡고,
괜히 사람들을 만나고,
아무렇지 않은 척을 하며.

휴대폰을 내려놓지 못한 시간

연애를 하면, 사랑을 하면,
누군가에게 마음을 쏟으면,
그 사람의 연락이 기다려지고,
그 사람의 일상이 궁금해진다.

이는 지극히 당연한 마음이다.

너에 대해 더 많은 것을 알고 싶은,
나와 더 많은 것을 공유했으면 하는,
우리가 함께라는 유대감을 안고 싶은,
그런 마음이다.

그래서 사랑을 하면
휴대폰을 손에 쥐고 있는 날이 많다.
자꾸만 들여다보게 된다.

특히 이제 막 시작하는 연인들,
서로의 마음을 조금 더 알 듯 말 듯
설렘이 가득한 순간에 그런 경우가 많다.

그리고, 간혹 이별 후에도
한동안 손에 붙잡고 있는 날이 있다.

혹시나 연락이 오지는 않을까,
그 한 번의 연락을 놓치지는 않을까
싶은 마음에.

너도 나를 그리워하고 있을까,
너도 지금 내 생각을 하고 있지는 않을까,
하는 마음에.

그래서 휴대폰을 쥐고 있는 날들의 기억은
행복과 슬픔이 공존한다.

시덥지 않은 대화가 그립다

대단한 주제가 아니어도,
수려한 말솜씨나
지식을 요하지 않아도,

어제 일을 이야기하며
웃음이 끊이지 않던 날들.

차 한 잔을 앞에 두고
끝없는 행복을 느끼던 날들.

무슨 이야기를 했던가,
뒤돌아서면 잊었던,
그렇지만
더할 나위 없이 즐거웠던 날들.

그날들의 시덥지 않은 대화가 그립다.

아니, 실은
그날들의 우리의 일상이 그립다.

**왜 그랬냐면
내가 왜 더 많이 웃었냐면**

내가 더 밝았던 날은,
삶의 무게가 유난히 무거웠던 날이다.

내가 더 많이 웃었던 날은,
네가 조금이라도 더 편안하길 바랐던 날이다.

왜냐하면,
그 무게를 네게 짐 지우고 싶지 않아서.

왜냐하면,
나와 있을 때만큼은
네가 부디 행복하기를 바라서.

왜냐하면,
함께 있고 싶은 사람,

함께 있으면 즐거운 사람이
내가 되고 싶어서.

그래서 늘 더 많이 웃었다.

내게만 존재하는 사람

우리는 우리 둘만의 세상에 살았다.

세상에 드러내지 않아서,
우리의 흔적을 남기지 않아서,
너는 내게만 존재한다.

이제는
부르고 싶어도 부를 수 없는 이름이지만,
보고 싶어도 볼 수 없는 얼굴이지만,
설령 아무도 모른다 해도 괜찮다.

내가 너를 기억할 테니.
너는 내 기억 속에 남아 있으니.

이별 후 미움,
어떻게 덜어낼까

이별한 후, 그 기억이
누군가에게는 그리움으로 남기도,
누군가에게는 아련한 추억으로 남기도 한다.

그리고 또 누군가에게는
미움이 되어 남기도 한다.

대개 그 미움의 이유는,
지난 기억에서 헤어나오지 못했기 때문이다.
그리고 내가 해준 것들에 대한 억울함과
분한 마음이 남았기 때문이다.

내가 너에게 쏟은 시간이 얼만데,
내가 너에게 들인 노력이 얼만데,
내가 너에게 해준 것들이 얼만데,

네가 내게 이럴 수 있어,
도대체 네게 나는 뭐였니,
넌 나를 어떻게 생각한 거야,
네 마음은 뭐야,
네 진심은 뭐야.

시간이 흐른 지금,
그 마음은 아무도 모른다.
그리고 그것을 안다 해도 달라질 것은 없다.

우리는 이별했고,
너는 너의 삶을,
나는 나의 삶을 살아가야 한다.

그때의 나는 내가 할 수 있는 최선을 다했고,
그때의 내가 원해서 해준 것일 뿐이다.

그것에 어떤 보상이 따라야 하는 것이 아니다.
그것은 상대방의 잘못이 아니다.
누구를 원망할 이유도,

분한 마음을 눈겨둘 필요도 없다.

이제 과거가 아닌 현재를 살아야 한다.
그 기억을 붙잡고 있지 말아야 한다.

문득문득 떠오를 수는 있다.
그러나 그것에 거물러서는 안 된다.
나는 내 삶을 살아야 한다.

나를 옭아매는 그 감정은
나를 위해 내려놓아야 한다.
오직 나를 위해서.

**내가 싫었던 건,
네가 아니라 널 놓지 못하는 나였다**

어떻게 이렇게 한순간에 변할 수 있을까,
내가 알던 네가 맞는 걸까,
이렇게 냉정한 사람이었던가,
정말 날 잊은 걸까,
우리의 추억은 조금도 남지 않은 걸까,
네게는 우리의 시간들이 아무것도 아닌 걸까.

끝없이 원망스러웠던 시간.

우리의 행복했던 시간만큼,
내가 너를 사랑했던 마음의 크기만큼
모든 화살은 너를 향했다.

그런데 실은 아니었다.

시간이 흘러도
여전히 마음이 뒤엉킨 나를 바라보니
내가 원망했던 건,
네가 아니었다.

내가 싫었던 건
너를 잊지 못하는 나였다.

내가 싫었던 건
우리의 시간을 놓지 못하는 나였다.

짝사랑이 길어지는 이유

누군가에게 선뜻
다가서지 못하는 마음이 있다.

보고 싶고, 자꾸만 말을 건네고 싶고,
더 많이 알고 싶고, 가까워지고 싶은데,
그 마음의 이유를 알고 있는데,
동시에 그 마음을 전하지 못하는,
고백하지 못하는,
숨기려 하는 마음이 있다.

그 마음을 전했다가
오히려 더 어색해지지는 않을까,
지금보다 못한 사이가 되지는 않을까,
차라리 표현하지 않았을 때가 더 낫지는 않을까,
너는 내 마음을 어떻게 생각할까.

혹시나,
지금은 서로가 좋은 감정이었지만,
시간이 흘러 우리도 여느 연인들처럼
그 끝을 맞이하게 되는 것은 아닐까.

차라리 아무 사이도 아니었다는 이유로
더 오래도록 알고 지낼 수 있다면,
그것이 혹시 모든 끝을 마주하는 것보다
낫지 않을까, 하는 생각에
망설이고, 주저한다.

어느 쪽이 더 후회일까,
알 수가 없어서.

어떤 이별에도 결코
스스로를 망치지 않는 방법

사람은 살아가며 누구나
다양한 이별을 경험한다.

상황에 따라 그 순간의 슬픔이나
아픔의 크기를 가늠할 수는 없겠지만,
아마도 각자가 당장 겪게 되는 상황이
가장 큰 것이리라.

누가 어떤 감정을 겪고 있든
시간은 여전히 흘러가기 때문에
어떤 상황에서도 우리는
오늘을 살고 내일을 맞이해야 한다.

이 사실만 기억하고 있으면
적어도 상황과 기분에 휩쓸려

무언가를 심각하지 놓치는 일은 없다
자신을 망치지는 않는다.

결국
가장 궁극적인 것은 가장 단순하다.

어떤 이별에도 결코
스스로를 망치고 싶지 않다면,
당장이라도 무너질 것처럼 힘든 상황에서도
내가 할 수 있는 일,
내가 해야 하는 일을 해내는 것.
상황을 핑계 삼아
나의 일상을 내려놓지 않는 것.

그것뿐이다.

부지런히 울면서
오늘을 잘 마무리하는 것.
그렇게 유난히도 기특한
하루하루를 보내는 것뿐이다.

나는 너를 우리의
예쁜 모습으로만 기억하겠다

어느 순간부터인가
우리는 여느 연인들처럼 무던히도 싸웠고,
서로를 향한 날 선 말들에 수없이 베여가며,
우리가 맞지 않는 것은 아닐까
수백 번을 고민했다.

그때마다 자존감은 하염없이 깎여 내려갔고,
그럴수록 사랑을 갈구했다.

그래도 우리가 좋았던 날들은, 그 시간들만큼은
너 또한 분명 내게 최선을 다했을 거라는 생각에,
나를 위로했다.

그 위로만으로,
그 좋았던 기억만으로,

그 모든 상처와 슬픔이 괜찮았다.

너에 대한 원망을 모조리 내려놓을 만큼,
아니,
나에게 그렇게나 모질게 굴던 그런 너조차도
앞날에 축복을 빌어주고 싶을 만큼.

그래서 진심으로,

나는 너를,
나는 우리를,
우리의 예쁜 모습으로만 기억하기로 했다.

III

같을

다름을 받아들이니
같음이 되었다

우리가 누군가를
미워할 수 있는 이유

사람을 미워하는 마음은,
어쩌면 누구나 한 번쯤 갖게 되는
매우 자연스러운 감정 중 하나다.

나보다 잘나가는 모습이 질투 나서,
내게는 없는 것을 가지고 있는 것이 부러워서,
내 기대와는 다른 행동을 하는 것이 싫어서,
왠지 모르게 나에게 호의적이지 않은 듯한
말투와 눈빛이 거슬려서,
나에 대해 안 좋은 얘기를 하는 것 같아서,
남들이 욕을 하길래 나도 같이 그냥.

어떤 이유에서건,
결국 우리가 누군가를 미워할 수 있는
마음을 품는다는 건,

마음 깊이 누군가를 원망하고, 시기하고,
깎아내리고 싶은 마음이 들 수 있다는 건,
이 시간이 영원할 것만 같아서다.

우리의 삶의 유한함에 대해,
선물처럼 주어진 이번 생이 얼마나 짧은지에 대해
마음으로 느끼지 못했기 때문이다.

이 시간이 영원할 것만 같기 때문에,
때로는 별 다른 이유 없이도 누군가를 미워하고,
싫어하고, 손가락질을 할 수 있는 것이다.

만약 오늘이, 내년이, 5년 후가
나의 마지막이라면 어떠할까.

소중한 누군가를 사랑하기만 하기에도
부족한 시간일지도 모른다.

어디부터 어긋난 걸까, 실타래의 끝을 찾고 싶다면

관계가 예전과 같지 않다고 느낄 때,
그 실타래는 대개 긴 시간에 걸쳐 엉켜 있다.

문득 돌아보면
우리에게도 좋은 날들이 있었는데,
그때 우리 정말 풋풋했는데,
분명 그랬는데,

언제부터 이렇게 된 걸까,
어디에서부터 잘못된 걸까,
뭐가 문제인 걸까,
싶은 때가 있다.

그리고 그러한 생각이 들 때쯤이면
상대방도 비슷하게 생각하는 경우가 많다.

이때, 여기에서 이제 그만하자며 내려놓으면
처음부터 없었던 존재처럼 남이 되기도 하고,
회복하고자 노력하면
더욱 견고한 사이가 되기도 한다.

따라서 이때부터는 오직 서로에게
다시 상대방과 좋은 관계를 유지하고 싶은 마음,
우리의 관계가 예전과 같기를 바라는 마음,
내가 너와 함께하고 싶은 마음,
그 마음이 있는지가 모든 것을 좌우한다.

그리고 너와 나의 다름을 받아들이겠다는 마음,
있는 그대로의 너를 보겠다는 마음,
너의 어떤 모습이든 이해하겠다는 마음,
그 마음이 있어야 한다.

처음의 설렘만이 중요한 것이 아니라
익숙함만이 줄 수 있는 단단한 관계,
그 안에 담긴 무한한 신뢰,
그것이 모든 것을 좌우한다.

오래된 사이일수록,
그 실타래를 풀고 싶을수록.

우리가 남이 되는 데 걸린 시간

우리의 사랑이,
우리의 인연이,
영원할 수 있다면 얼마나 좋을까.

아쉽게도, 혹은 다행히도
모든 생이 유한한 이 곳에
영원한 것은 존재하지 않는다.

그리고,
우리가 서로의 마음을
확신하기까지 걸린 시간이
10이었다면,

우리가
남이 되는 데에 걸린 시간은

1이 채 되지 않았다.

그 사실을 알고 있어
모든 이별은 참 아프다.

그 사실을 알고 있어
모든 인연이 참 귀하다.

아프지 말길, 행복하길,
언제가 되더라도 연락이 닿길

왠지 모르게 고마운 사람이 있다.
드물지만 분명
이별을 한 후에도 깊이 고마운 사람이 있다.

대부분 시간이 흐르면
좋은 기억만이 남기도 하지만,
간절한 그리움으로 남는 경우는 대개
원치 않는 형태로,
생의 이별, 혹은
둘의 직접적인 문제가 아닌,
또 다른 상황의 개입으로
멀어지는 경우들이 많다.

그리고 그 고마운 사람에게 말한다.

아프지 말기를,
행복하기를,
언젠가 다시 연락이 닿기를,
꼭 다시 만날 수 있기를.

그리움을 담아,
추억을 담아,
감사함을 담아,
진심을 담아,
그렇게 몇 번이고 울고 또 울고,
울면서 되뇌인다.

나의 고마운 사람에게.

나를 위해주던 말,
나를 바라보던 눈빛,
나를 위해주던 그 마음,
나를 위해주던 그 따뜻함을 기억하며.

사랑을 할 때
가장 먼저 경계해야 하는 것

우리는 모든 관계에서
당연함을 경계해야 한다.

당연함은
내게 찾아온 인연을
나의 잘남으로 착각하게 한다.

당연함은
타인의 배려를
나의 권리로 만들어 버린다.

당연함은
상대방에 대한 존중을 잊게 한다.

당연함은

고마움을 존재하지 않게 한다.

기억해야 한다.

내게 찾아온 소중한 인연도,
상대방의 배려도,
감사함도,
결코 당연한 것들이 아니다.

그것을 잊는 순간,
그것을 당연함으로 인식하는 순간,
당신은 그 모든 것들을
송두리째 잃게 될지도 모른다.

누군가를 만날 준비가
덜 되었음을 느낄 때

다시는 사랑을 하지 않겠다,
앞으로 연애를 하지 않겠다,
결심을 한 것은 아니지만,
문득문득 내가 아직 누군가를 만날 준비가
덜 되었음을 느끼는 순간들이 있다.

좋은 사람을 알게 되어
조금씩 좋은 감정이 싹트기 시작하는데,
그 순간부터 두려움이 함께 몰려오는 때가 있다.

많은 대화를 나누면서도
아직 내 깊숙한 감정을 내보이기는
조심스러울 때.

알아가는 시간이 늘어가면서도

여전히 한 번씩 왠지 모르게
어색함과 거리감이 느껴지는 때.

그러다가 갑자기
아직 내 새로운 추억에 누군가 들어올 자리가
없는 것은 아닐까 하는 생각이 드는 때.

그럴 수 있다.
이 또한 누군가에게는 이별 후
다시 사랑을 시작하는 과정일 수도 있다.

단, 이때 중요한 것은 따로 있다.

내 감정 못지않게
내게 다가온 상대방의 감정 또한 귀하다는 것.

그리고 나의 이러한 감정조차
기다려주는 사람이라면,
함께해주는 사람이라면,
이제는 나의 마음을 열어도 괜찮을 거라는 것.

나아가
절대 놓치지 말아야 하는 사람일 거라는 것.

그 확신이 서는 순간,
나는 그 사랑에 다시 한번
내 최선을 다해야 할 거라는 것.

유독 사이가 돈독하고
오래가는 커플들

다른 사람들과 쉽게 하지 않는
매우 깊이 있는 대화를 자주 나눈다.

여러 사람들과 어울릴수록
내 사람이 최고라는 생각을 한다.

선불리 화를 내지 않고,
상대방의 상황에 대한 이해와
헤아리려는 마음이 앞선다.

상대방의 단점보다 장점을
훨씬 크게 기억하고 있다.

서로에게 마음 쓰는 것에
주저함이, 아까워함이 없다.

이보다 더 좋은 사람을,
더 편안한 사람을,
나를 더 잘 아는 사람을
다시 만날 수 없을 거라는
서로를 향한 강한 믿음이 있다.

상대방의 곁에 있는 사람이
나라는 확신이 있다.

그동안 함께하며 쌓아온 고마운 기억이
다른 모든 감정을 녹인다.

이별을
완전히 극복한 사람들

그 사람에 대해 험담하지 않는다.

다른 사람을 만나는 이유가
그 사람에 대한 생각을 멈추기 위함이 아니다.

아주 문득 그 사람의 소식이, 근황이
궁금할 수는 있지만 그것에서 그친다.

모르는 번호의 부재중 전화에
의미를 부여하지 않는다.

그 사람을 떠올릴 때
분노도, 미움도, 슬픔도,
미안함도, 아련함도, 애달픔도,
그리움도, 간절함도,

어떤 감정도
특별히 북받쳐 오르지 않는다.

술을 마시는 이유가
그 사람이 아니다.

지나간 우리의 시간을
고마움으로 간직한다.

우리는 이러한 모습을
과거에 매여 있지 않은 삶,
현재를 살아가는 삶이라고 말한다.

비가 오는 날
생각나는 사람이 있다면

우리의 감성은 다양한 것들에 영향을 받는다.

익숙한 음식의 맛,
자주 갔던 추억의 장소,
특별히 기억에 남는 영화,
반복해서 들었던 음악,
한 사람과 연결된 향기,
그리고
때로는 어느 날씨.

대개는 비가 오는 날
그 감성에 젖는 경우가 많다.

아련함에 잠기는 날,
그리움에 사무치는 날,

외로움이 밀려오는 날.

한 번쯤 지난날의 나를 돌아보는 마음,
기억 속 누군가를 소중히 추억할 수 있는 마음,
그 감정은 그 감정대로 참 귀하다.

다만 그것이 깊어져
우울감으로 이어지지 않는다면 말이다.

그 무게가 나를 짓눌러
좌절감으로 몰려오지 않는다면 말이다.

그러니 비가 내리는 날,
잠깐의 기억으로, 순간의 감성으로
그 기억에 아주 잠시만 머물 수 있기를 바란다.

받는 사랑에 익숙해지면
일어나는 일

스스로에게 만족스러운 날들이 이어지고,
점점 자존감이 올라간다.

외적으로도 더 예뻐지고 멋있어지고,
자신감이 생긴다.

왠지 모르게 든든한, 믿는 구석이 생겨
일상에 활력이 생긴다.

어느 순간부터 그 존재를
지나치게 편하게 대하게 된다.

더 많은 사랑을 당연하게 요구하고,
가끔은 그것을 짜증으로 표현한다.

내게 사랑을 주는 존재가 사라지고 나서야
그것이 진정 얼마나 큰 사랑이었는지를 실감한다.

잃고 나서야
당연한 줄 알았던 그 사랑이
그 존재였기에 가능했던 것임을,
얼마나 특별했던 것인지를 알게 된다.

그제야
그 고마움이 뒤늦게
더 큰 미안함이 되어 밀려온다.

조금 다른 인생을 설계할 타이밍

우리의 크고 작은 고민은 대개
사회적 시선, 사회적 분위기를 따라
선택을 하는 것들에 있다.

특히 결혼이 그렇다.

오랜 연인과의
이별 후 밀려오는 허망함,
결혼 이야기가 오가던 사람과의
결별 후 밀려오는 부질없음.

그와 동시에
눈앞에 닥친 나이에 대한 부담감,
불안정한 현재에 대한 막막함,
앞으로의 날들에 대한 두려움.

그 상황이 맞물려
삶의 회의감 속에서 혼자 끊임없이 고민한다.

그러나 이때 찾아오는 고민과 두려움은
내 것이 아니다.
내가 갖지 않아도 되는 고민과 두려움을
혼자 끌어안고 있는 것뿐이다.

우리의 모든 선택이
남들과 같은 방식이어야 할 이유는 없다.
나는 나의 삶을 살아가면 된다.

하지 않아도 될 고민을
끌어안고 있는 것이 아니라
더욱 성장해야 할,
더 나은 나를 위한 고민을 해야 한다.

이때까지 나와 같은 사례가
없는 것만 같아서 불안하다면 더욱
나와 같은 고민을 하고 있는,

나와 같은 고민을 할
다른 이들 또한 있음을 기억하며,
모두 당연한 과정일 수 있음을 인지하며,
나는 나를 위한 선택을 하면 된다.

이제는
내가 알고 있던 것과는,
내가 생각하고 있던 것과는,
조금 다른 인생을 설계하고 준비해야 할
타이밍이 온 것인지도 모른다.

그렇다 해도 괜찮다.
어차피 모든 삶에 정답은 없으니.

또한 그 고민을 내려놓을 때,
고민에서 벗어날 때,
더욱 새로운 기회들이 찾아오게 될 테니.

모든 고민은, 모든 걱정은
나의 시야를 가릴 뿐이다.

이별은 어쩌면
나의 세계가 무너져 내리는 것

누군가와의 이별이라는 것은
나의 세계가 무너져 내리는 것과도 같다.

나에게는 그 사람이
세상의 전부였으니까.

그렇게 무너지고 서로 세우고,
또 무너지고 또 세우고,
반복하는 과정에서 단단해지기도,
자꾸만 금이 가기도 한다.

무엇이 정답이라고 할 수는 없겠지만
한 가지 분명한 건
무너져야 할 세계가 무너진 거라는 것.

덕분에 그로 인해 내게는
또 다른 세계가 펼쳐졌다는 것.

그래서 우리는
모든 인연과 모든 이별에
감사해야 하는지도 모른다.

그것은 선택이 아닌
순리였는지도 모른다.

연인을 지치게 하는 사람들

분명 서로의 마음을 확인했는데,
사랑하는 마음이 확실한데,
그럼에도 시간이 흐를수록 어느 한쪽이
일방적으로 지쳐가는 관계가 있다.

이는 대개 다른 한쪽이
자신의 불안함을 조절하지 못하는
경우에 일어난다.

스스로 조절하지 못한 불안감은
불안정함이 되어
다양한 형태의 행동으로 표출된다.

상대방을 자꾸만 의심하거나,
마무리가 된 일을 재차 확인하거나,

같은 질문을 반복하거나,
상대방의 일상을 모두 알아야 속이 편하거나,
내 성격을 스스로 못 견뎌
아닌 척하지만 태도에 짜증이 가득하거나,
갑작스럽게 화를 내거나,
특정한 부분에 강박증이 있는 것처럼 대한다.

이러한 경우,
상대방이 서서히 지쳐가고 있다는 것을 모른 채
상황이 반복되는 경우가 많다.

사랑이라는 이유로,
관심이라는 명분으로,
우리 사이는 특별하니까 그래도 괜찮다는
합리화를 하면서 말이다.

그러나 이러한 상황이 반복될수록,
시간이 흐를수록 상대방은 점점 더
지쳐가고 있을 것이다.

이 때에 당신은
상대방이 지쳤음에 반문을 하는 것이 아니라,
내가 왜 이러한 행동을 하고 있는가를
먼저 바라볼 수 있어야 한다.

스스로가 조절하지 못하는
내 안의 불안함이 있음을,
그 불안함이 만들어낸 불안정함을
마주할 수 있어야 한다.

이런 사람을 만나고 싶다

나에게 유독 더 따뜻해서
내가 특별한 존재라는 느낌이 들게 해주는 사람.

나의 배려에 고마워할 줄 알고
먼저 나를 챙겨주려 하는 사람.

나의 어떠한 말에도
사랑스럽다는 듯 웃어주는 사람.

내가 존경할 수 있는,
나를 존중해주는 사람.

꽃을 선물하는,
꽃을 선물 받는 기쁨을 알게 해주는 사람.

다수의 시선보다
나 하나의 입장을 더 헤아려주는 사람.

함께의 의미를 아는 사람.

어디에 있어도 내 사람인 사람.

나 또한 당신에게
그런 사람이기를.

밝은 음악을 듣고 있어도
울컥 흐르는 눈물의 의미

가끔은 그런 날이 있다.
알 수 없는 감정에 휩싸여
마음이 가라앉는 날.

잘 웃고 있다가도
평소처럼 아무렇지 않게 대화를 나누던 날에도
문득 생각에 잠기는 순간,
급격하게 차분해지는 때가 있다.

그런 날에는 이상하게도
밝은 음악을 듣고 있어도 눈물이 난다.
재미있는 프로그램을 보며
허허실실 웃고 있어도 다시 눈물이 난다.

마주하기 불편할지도 모르는 그 감정은

결국 지금의 나를 보여준다.

공허함.

지금 이 순간 채워지지 않는
단 1퍼센트의 무언가가
99퍼센트의 평온했던 마음을 휘감는 것이다.

괜찮다.
그 또한 우리가 겪는 다양한 감정 중 하나다.
어쩌면 이제야 조금은 나에 대해,
앞으로의 삶의 방향에 대해
진지하게 생각해볼 수 있는 시기가
온 것인지도 모른다.

내가 진정으로 원하는 것,
내게 진정으로 필요한 것,
내가 진정으로 놓치지 말아야 하는 것.

그것을 ㅂ-로 세워야 하는 때가
찾아온 것인지도 모른다.

행복을 선물해줘서
고마워

행복이라는 이름은
내가 나에게서 찾아야 하는 거라 하지만,
때로는 타인을 통해 느끼는 행복도 존재함을
부정할 수는 없다.

그리고 그 존재를 떠올렸을 때
생각나는 얼굴, 생각나는 이름,
생각나는 누군가가 있다면,
그 자체로 큰 축복임을 말해주고 싶다.

그리고 기회가 된다면, 가능하다면,
그 마음을 꼭 전할 수 있기를 바란다.

나에게 행복을 선물해줘서 고맙다고.

모든 순간은
찰나가 되어버린다

영원한 것은 없다

우리의 젊음도,
행복했던 순간도,
잊고 싶은 힘든 날도,
모두 흘러간다.
모두 지나가 버린다.

그래서 우리는
우리가 누릴 수 있는 순간의 행복을, 순간의 사랑을
최선을 다해 만끽할 수 있어야 한다.

1년 뒤, 2년 전인 오늘을 떠올린다면
과연 내게도 내일이 올까 싶었던 날들이
이미 수백 밤 펼쳐져 있을 것이다.

5년 뒤, 5년 전인 오늘을 떠올린다면,
기억조차 가물가물해 어렴풋하게 남아 있을 것이다.

10년 뒤, 10년 전인 오늘을 떠올린다면,
벌써 언제 이렇게 시간이 흘렀을까,
그때 왜 그렇게 아까운 시간을 흘려 보냈을까를
돌아보게 될 것이다.

영원할 것만 같았던 모든 순간은 흘러간다.
결국 모든 순간은 찰나가 되어버린다.

너에게는
눈부신 반짝임이 있다

나는 왜 태어났을까,
나도 사랑받을 자격이 있을까,
나는 왜 이 모양이지,
내가 조금만 더 예뻤으면 달라졌을까,
내가 조금만 더 키가 컸다면 어땠을까,
나는 왜 이렇게 초라한 걸까,
저 사람들 참 부럽다,
내가 또 무슨 잘못을 한 걸까,
아 또 자신감 떨어진다,
나 같은 게 무슨,
나 따위가 감히.

아니다.
나는 나로서의 반짝임이 있다.
당신은 당신의 눈부신 반짝임이 있다.

지금 당장 누군가 알아주지 않는다 해도,
지금 당장 빛나지 않는 것 같다 해도
그 반짝임이 사라지는 것은 아니다.
나는 나로서의 반짝임을 품고 있으니까.

그러니 괜찮다.
당장의 감정이, 당장의 환경이
나를 판단하는 것이 아니기에.

그러니 괜찮다.
내가 그 반짝임의 존재를 잊지 않고 있다면.

그리움의 대상이 된다는 건

그리움의 대상이 된다는 건,
어쩌면,

그 음악, 그 영화, 그 카페 덕분에
함께 나눴던 시간들이 떠오르는 것.

그때 참 좋았지, 그때 나 참 어렸지,
피식 웃음 지을 수 있는 것.

코끝을 간질이는 계절의 변화에
봄날 같았던 그날의 감정이 잠시
아련하게 차오르는 것.

그 어떤 설렘도, 기대도 없이
담담히 그 시간들을 추억하는 것.

그러다가 문득,
어떻게 지내고 있을까,
잘 지내고 있겠지,
그냥 그렇게 지나가는 것.

다시는 돌아오지 않을 그 시간들을,
매 순간 흘러가는
나의 가장 풋풋한 날들을,
그냥 그렇게,
내게도 그런 날이 있었음을
한 번쯤 떠올리는 것.

계절의 향기는
가장 소중한 사람을 닮아 있다

추운 겨울이 가고
봄의 푸르름이 다가올 때,
무더운 여름철 장마가 시작될 때,
선선해진 가을밤을 느낄 때,
다시금 피부에 차가운 공기가 닿을 때,
각각의 계절이 주는 향기가 있다.

그래서 세월을 거듭할수록,
여러 경험이 쌓여갈수록,
우리는 자연스럽게 계절의 향기를 기억하게 된다.

그리고 대개 계절의 향기는
이상하리만치 아련한,
그래서인지 좋았던 기억으로만 남아 있다.

살아가며 문득 누군가를 그리워하듯,
계절의 향기를 맡으면
참 좋았던 그 감성에 젖는다.

마치 그리운 누군가를 추억하듯이.

사랑하는 엄마, 아빠, 옛 친구들,
나의 고향, 우리 강아지, 어린 시절 우리 집,
자주 먹었던 음식,
방학 때의 시골 풍경, 휴가철 계곡,
뛰어놀던 수풀, 운동장,
어쩌면 이제는 갈 수 없는 장소,
추억이 된 기억,
참 많이 보고 싶은 사람들.

그래서 계절의 향기는
가장 소중한 누군가를 닮아 있다.

닿을 수 없지만
언제나 그때가 되면 떠오르는.

울지 말기, 아파하지 말기, 더 많이 행복하기

주저앉아 울고 싶은 날이 있다.

마치 온 세상이 내게 등을 돌려
혼자만 덩그러니 남은 듯한 날,
내일이 찾아오는 것이 두려워
그 막막함에 잠이 오지 않는 날.

심장이 조이듯 마음이 아파오는 날이 있다.

이 순간이 제발 꿈이기를 바라는 날,
내가 바꿀 수 없는, 바뀌지 않을 상황에
나의 무기력함을 느껴야 하는 날.

미친 듯이 울고,
미친 듯이 아파하고.

그리고 그 다음은
반드시 행복이어야 한다.

마음껏 울어도 좋고,
마음껏 아파도 좋다.
내게 다시 행복이 찾아온다면.

그러니 반드시
당신은 행복해야 한다.

지금의 눈물이, 지금의 아파함이
추억이 되려면.

외면뿐만 아니라 내면까지도, 내가 바라는 사람은

외모는,
그렇게 까다롭지 않게
적당히 호감형이면 좋겠다.

성향은,
다른 이성 문제로 걱정 끼치지 않는,
나 한 사람만 바라보는 순정파였으면 좋겠다.

성격은,
긍정적이고 나와 말이 잘 통하는,
관심 분야가 비슷한 사람이면 좋겠다.

마음은,
남들을 배려하는 따뜻함이 있고,
타인의 감정에 공감할 줄 아는,

나를 언제라도 이해해주는 사람이면 좋겠다.

대인관계는,
원만하되 복잡하지 않은,
분위기를 맞출 줄 아는 센스 있는 사람이면 좋겠다.

일은,
자신의 분야에서 인정받는,
자긍심을 안고 있는 사람이면 좋겠다.

그리고,
이제는 내 차례다.
나를 돌아봐야 할 때다.

내가 생각하는 내가 아닌,
상대방이 생각하는 나는,
내가 상대방에게 바라는 모습을 하고 있는가를 말이다.

저마다의 기억
저마다의 행복

사람은 누구나
저마다의 기억을 안은 채 살아간다.

같은 상황에서도
누군가에게는 그저 지우고 싶은 과거로,
누군가에게는 지금을 있게 한 원동력으로,
누군가에게는 퍽 유치했던 일이
누군가에게는 세상 즐거웠던 일로,
저마다의 기억을 안은 채 살아간다.

그리고 그 기억은
바쁘게 흘러가던 나의 시간이 멈추었을 때,
분주히 움직이던 나의 일상이 고요해졌을 때,
여러 감정과 뒤섞여 비집고 나오기 시작한다.

그러니 우리는 간혹
누군가 과거의 이야기를 한들,
지나간 시간에 취해 있든,
그 마음에 대한 이해가 필요하다.

나 또한 언제라도
그 기억에 잠시 머무는 시간이
찾아올지 모르기 때문에.

그렇게 저마다의 기억은
저마다의 행복이 되어
저마다의 위로가 되어
삶을 살아갈 수 있도록 하기 때문에.

안부조차 전할 수 없는 사이가 된다는 것의 의미

사람이 정말 죽는 때는
사람들에게서 완전히 잊히는 때라는
말이 있다.

그 말은 반대로
누군가의 기억에 살아 있는 한
영원히 살아 있는 것이며,

다른 의미에서는,
우리가 완전한 남이 되어
처음부터 없었던 존재처럼 살아간다면,
이는 서로의 죽음을 맞게 된 것과 같은
의미일지도 모른다.

그 흔한 안부조차 전할 수 없이

세상에 존재하지 않는 사람처럼
살아간다는 것.

어쩌면 이별은,
살아있는 죽음을 맞닥뜨리는 것과
마찬가지일지도 모른다.

이별의 아픔은,
죽음의 슬픔을 이미 간접적으로
느끼는 것일지도 모른다.

그래서 그 마음이 깊을수록,
더없이 특별한 존재일수록,
나의 전부일수록,
마음의 준비가 되어 있지 않을수록,
당연히 고통스러울 수밖에 없다.

그렇지만
남아 있는 모든 이들이 그렇듯,
우리는 또다시 눈물을 닦고 일어서

오늘을 살아가게 된다.

그래야만 한다.

누군가에게 잊힌다는 것,
그리고 누군가를 잊는다는 것.

그 과정의 끝에는
오늘이 있어야만 한다.

그 마음 잊지 마

마음이 식어버리는 이유는
처음의 마음을 잊었기 때문이다.

함께 있으면 세상을
다 가진 것 같았던 그 마음.

나는 너의,
너는 나의 온 세상이었던 그 마음.

그 마음 하나로
지난 모든 힘듦이 용서가 되었던,
이번 생에 대한 모든 이유가 되었던,
절대 잊지 말아야 할 우리의 처음의 마음.

나에겐 너였고,

너에겐 나였다.

잊지 마.
그 마음만 기억한다면
우리의 현재는 식지 않을 테니.

IV

우리 / 자꾸만 피식
웃음이 새어 나와

사랑에 빠진 사람들의 특징

가만히 있다가도
괜스레 웃음이 새어 나온다.

요즘 좋은 일이 있냐는 말을
자주 듣는다.

그 사람과의 메시지에
시간 가는 줄 모른다.

그 사람에 대해 자꾸만
더 많은 것들이 궁금해진다.

내 시간의 모든 우선순위는
그 사람과의 만남에 있다.

세상의 사랑 글을 읽으며,
사랑 노래를 들으며 나를 대입한다.

세상이 좀 살 만하다고,
세상이 좀 아름답다고 느낀다.

지금 이 순간,
그 사람의 얼굴을 떠올리며
미소 짓고 있다.

아무리 깊이 사랑에 빠져도
결코 놓치지 말아야 하는 것들

사랑을 하면,
사랑에 깊이 빠지면,
옆에서 아무리 이야기해도,
평소에는 당연하다고 여기던 것도,
막상 내 일이 되어버리는 순간
제대로 바라보지 못하는 것들이 있다.

사랑이라는 이유로
쉽게 놓치는, 잃어버리는 것들이 있다.

내 삶에 대한
끊임없는 사유와 고찰.

내 주위에 있는
내 사람들에 대한 감사.

언제라도 숨을 고르며
지금을 돌아보는 여유.

모든 우선순위에서 결코
밀리지 말아야 했던 나 자신.

꼭 기억해야 한다.
내가 나를 바로 세운 사랑이야말로
더욱 깊은 사랑이 될 수 있다.

자꾸만 연락하고 싶어지는
진짜 이유

자꾸만 생각나는 얼굴이 있다.

왠지 모르게
자꾸만 연락하고 싶은 사람,
자꾸만 일상이 궁금해지는 사람.

메시지 보내고 싶고, 전화하고 싶고,
내 메시지를 언제 읽나 확인하게 되고,
답장이 올까, 전화가 올까,
기다려지는 사람.

그 사람이 어느 순간
내 삶의 일부가 되어버렸을 때.

아니 실은,

내가 그 사람 삶의 일부가 되고 싶을 때.

우리는
자꾸만 연락을 하고 싶어 한다.

절대 놓치지 말아야 하는 사람

우리가 누군가를 만날 때,
누군가와 인연이 될 때,
내 모든 것을 다해 사랑할 때,
절대 놓치지 말아야 하는 사람이 있다.

나를 더 좋은 사람으로 만들어주는 사람.

개인에 따라 표현 방식은 조금씩 다를 수 있다.
그렇지만 내가 느끼는 감정은 같다.

그 사람을 떠올릴 때, 그 사람이 좋은 이유가
나를 더 좋은 사람으로 존재할 수 있게 하는 사람,
나를 더 좋은 사람으로 만들어주는 사람이라면
꼭 붙잡아도 좋다.

처음의 꾸며진 행동이 아닌
오랜 시간에 걸쳐 변함없이 나를 좋은 사람으로
내 존재 가치를 높여주는 사람.

그 사람은 분명
자신의 분야에 자긍심을 안고 있으며
동시에 내가 하는 일을 존중해주었을 것이다.

타인을 비하하는 농담은 하지 않으며
실수에 사과하고
받은 것에 감사할 줄 알 것이다.

기쁜 일을 누구보다 크게 축하해주며
힘들 때 곁에서 위로해주었을 것이다.

나를 있는 그대로의 모습으로 바라봐주고
내 생각과 의견을 배려해주었을 것이다.

그리고
그 모습이 좋았다면,

그 마음에 고마웠다면,
이제는 내가 상대방을
더 좋은 사람으로 만들어주는 사람이
될 수 있어야 할 것이다.

행복이라는 단어를
정의 내릴 수 있다면

어느 순간부터인지
내가 웃음을 짓고 있더라.

부쩍 주위에서 좋은 일 있냐는 말,
요즘 들어 밝아 보인다는 말을 듣더라.

나에게 이런 모습이 있었나,
내가 이런 사람이었나,
싶은 생각이 자꾸만 들더라.

너는 그렇게
단조로웠던 나의 삶에 들어와
유일한 활력이 되어주었다.

오직

너여서 가능했고,
너여서 특별했다.

만약 행복이라는 단어를
각자가 정의할 수 있다면,
나에게 행복은
너라는 이름이 되었다.

둘 중 누가 더 좋아하는지
알고 싶다면

사랑을 하면 누구나
상대방의 마음을 확인하고 싶어 한다.

당신도 나를 좋아하는지,
당신의 진심이 무엇인지,
누구의 마음이 더 큰지.

나는 내 마음을 알기 때문에
내가 당신을 좋아하는 것은 맞는데,
상대방의 마음은 알 수가 없으니
당신도 나와 같은 마음인지를 확인하고 싶은 것이다.

이때 누구의 마음이 더 큰지가 궁금하다면,
누가 더 상대방을 좋아하는지가 알고 싶다면,
이에 대한 답은 의외로 간단하다.

대개 이를 궁금해하는 쪽이
더 좋아한다.

따라서
누가 더 좋아하는지를 알고 싶어 하는,
이 글을 읽고 있는 그대가
더 좋아하고 있거나
더 좋아했을 확률이 더 크다.

사랑받는 느낌의
찰나의 순간들

나를 바라보는 눈빛에 애정이 가득할 때,
가만히 내 어깨에 기대며 편안해할 때,
어느 순간이든 내 손을 먼저 꼭 잡아줄 때,
나를 향해 지그시 미소 지을 때,
예상치 못한 타이밍에 사랑한다는 고백을 할 때,
글로 마음을 표현할 때.

그 안에서 우리는 상대방의 진심을 읽는다.
그리고 당신은 나의 진심을 느낀다.

**나에 대해 가장 잘 아는 사람이 있다면
너였으면 좋겠다**

있는 그대로의 마음을
나 아닌 다른 사람에게 열기란,
내보이기란 쉽지 않다.

그래서 자꾸만 감추려 하고
때로는 형식적으로, 적당히 익숙해진 모습으로
가면을 쓰고 누군가를 대하게 된다.

그러다 어느 순간에는
이러한 나의 모습에 회의감이 몰려온다.

나는 무엇을 위해 이렇게 지내고 있을까,
진짜 내 모습을 잊어버리는 건 아닐까,
내 마음을 이해해주는 사람이 있을까,
혹시 너무 늦은 것은 아닐까,

이제라도 나를 알아주는 누군가를 만날 수 있을까.

그러한 생각의 끝에 만난 사람이 너여서,
앞으로도 그 누군가가 너였으면 하는 마음.

아주 조금씩 욕심이 든다.
나에 대해 가장 잘 아는 사람이 있다면
그게 너였으면 좋겠다.

그리고
그런 너에 대해 가장 잘 아는 사람이 있다면
그건 나였으면 좋겠다.

**맛있는 음식을 먹을 때
제일 먼저 생각나는 얼굴**

맛있는 음식을 먹을 때 생각나는 얼굴이 있다면
그 사람은 내게 정말 소중한 사람이다.

좋은 것을 나 혼자 누리기보다는
네 것이기도 했으면 하는 마음,
네가 더 많은 것을 경험했으면 하는 마음,
그 모든 추억에 너와 함께이고 싶은 마음,
너라면 그 어떤 것도 아깝지 않은 마음.

사랑이다.

맛있는 음식을 먹을 때면
당신께서는 마다하고
나를 위해 꼭 챙겨오시던 그 마음처럼.

모든 복잡한 감정을
이기는 힘

우리가 흔히 말하는
예쁜 사랑을 하는 사람들,
오랜 연애를 하는 사람들,
처음의 감정을 오래도록 이어가는 사람들에게는
그 사랑을 위한
가장 중요한 한 가지 재료가 있다.

바로, 마음 깊이 고마운 기억.

그 기억은 혹시나 우리에게
힘든 상황이 닥쳐도, 때로는 권태가 와도,
그저 자연스러운 과정으로 여길 수 있도록,
언제라도 좋았던 우리로 돌아갈 수 있도록 만들어준다.

고마워하는 마음은

우리의 모든 복잡한 감정을
이기는 힘이 있기 때문이다.

고마워하는 마음이 크다는 건
두 사람은 분명 서로에게
최선을 다했다는 의미일 것이기 때문이다.

그래서 고마운 기억이 많은 연인 사이일수록
말로는 쉬이 표현할 수 없는 깊은 유대감이 있다.

마음이 간질간질해지는 순간들

네 손을 잡을까 말까
우리의 손이 스치던 순간.

다른 이성과의 연락을
네가 꺼려하기를 확인하고 싶던 순간.

너도 지금 내 생각을 하고 있던 걸까
네게 걸려온 전화벨 소리를 들은 순간.

네가 꿈꾸는 미래의 날들에
나도 함께일까 기대하던 순간.

네가 말하는 이상형이 혹시나 나일까
설렘을 안던 순간

우리가 같은 마음이지 않을까
오랜 고민 끝에 좋아한다는 말을 꺼내던 순간.

그 모든 순간들에 가슴이 두근거렸고,
마음에도 감각이 있음을,
마음도 간지러울 수 있음을 알았다.

왜 마음을 아껴

아낄 게 따로 있지.
왜 마음을 아껴.
너무 쓸 줄 모르면
나중에는 가지고 있는지조차 잊게 돼.
아무리 있어도 전달이 안 돼.

그러니 아끼지 마.

그거,
쓸수록 더 많아지는 거야.

그게,
네 삶을 더 빛나게 해줄 거야.

너와 함께 있으면
왜 자꾸 웃음이 날까

같이 있으면 웃음 짓게 되는 사람이 있다.
함께 있는 자리가, 함께 나누는 대화가 유난히 편안한,
오래도록 함께하고 싶은 사람이 있다.

애써 분위기를 맞추려고 노력하지 않아도,
상대방의 기분을 살피려 사소한 긴장을 하지 않아도
함께 있는 것이 참 좋은 사람.

우리만의 공감대가 있기 때문이다.

연인들이 친구 사이보다 마음이 잘 통하는 이유도,
그들 사이에는 바로 범접할 수 없는
공감대가 있기 때문이다.

특정한 상황, 특정한 장소,

특정한 분야, 특정한 인물,
특정한 취향, 특정한 개그,
특정한 물건, 특정한 단어.

무언가 장황하게 설명하지 않아도
그 공감대에는 암묵적인 약속이 있다.

나는 너를 단번에 이해한다는,
나는 네가 무엇을 말하는지 알고 있다는,
너는 나를 바로 이해해줄 것이라는,
너는 내가 무엇을 말하는지 알 것이라는.

그 공감대가
우리가 함께하는 그 시간을 웃음 짓게,
편안하게 만들어준다.

그리고 서로의 생각을 공유할수록,
그 생각을 서로 배려할수록,
그 공감대의 영역은 점점 커져간다.

진심이라면
잴 필요 없다

보고 싶다고 말하면
나만 안달 난 것처럼 보일까?

내가 돈을 쓰면
나를 호구로 보지는 않을까?

먼저 손잡으면
나를 쉽게 보려나?

사랑한다고 말하면
내가 더 좋아하는 티가 날까?

좋으면 좋은 대로,
마음 가면 마음 가는 대로,
마음껏 표현해도 좋다.

그 마음이 진짜라면,
때로는 직진해도 좋다.

그 마음을 표현하는 순간은
지금이 아니면
안 되는 때가 있기 때문이다.

정말 사랑한다면,
정말 진심이라면,
서로의 마음의 크기를 잴 필요가 없다.

좋은 사람을
만나고 있다는 증거

신뢰한다는 말의 의미를 알게 된다.

마음이 편안해지고,
몸이 건강해진다.

똑같은 상황도
더욱 긍정적으로 받아들인다.

삶의 패턴이 자리 잡아감을 느낀다.

함께 있으면 내가 좋은 사람이 된 것 같은,
될 것 같은 기분이 든다.

문득 상대방 얼굴을 떠올리면
미소가 떠나질 않는다.

달라지는 내 모습을 보는 것이 기쁘다.

내가 느끼는 감정을
너도 함께 느끼기를 진심으로 바란다.

어떤 상황에서도 나를 잃지 않고,
더 나은 내가 되어가고 있음을 느끼게 하는
사람을 만났을 때 알게 되는 것들.

**사랑한다면
반드시 지켜야 하는 것들**

거짓말하지 말기.
일단 믿어 주기.
서로의 입장에서 먼저 생각하기.
먼저 사과할 줄 알기.
눈이 마주칠 때마다 미소 짓기.
틈날 때마다 손잡기.
매일 사랑한다고 말하기.
세상 가장 소중한 사람임을 느끼게 해주기.
그리고,
이에 대해 예외를 두지 말기.

나에게만 따뜻하면 좋겠어

내가 좋아하는 사람이,
내가 마음을 준 사람이,
내가 사랑하는 사람이,
나만 바라보았으면 하는 마음.

다른 어디에도
눈길을 돌리지 않았으면 하는 마음.

오직
나에게만 따뜻했으면 하는 마음.

언제나 그러한 마음으로
나를 대했으면 하는 마음.

실은 그저,
내가 너에게 특별한 존재였으면 하는 마음.

사랑의 초심을 잃으면
일어나는 일들

우리의 삶에서 일어나는 많은 일들이
처음의 마음과 같다면 얼마나 좋을까.

특히 사랑은,
초심을 잃으면 고마움을 잊는다.

특히 사랑은,
초심을 잃으면 서로에게 소홀해진다.

특히 사랑은,
초심을 잃으면 상대방을 귀히 여기지 않게 된다.

내가 큰 노력을 하지 않아도
네가 늘 내 곁에 있다는 생각에.
우리의 관계가 당연하게 여겨짐에.

아니다.
내가 너를 사랑함은,
네가 나를 사랑함은,
결코 당연한 일이 아니다.

우리의 시작이 얼마나 큰 행복이었는지,
우리가 사랑할 수 있음이 얼마나 벅찬 축복인지를
함께하는 매 순간 기억해야 한다.

당신이 나를 절대
놓치지 말아야 하는 이유

당신이 나를
절대 놓치지 말아야 하는 이유는,

내가 당신을 사랑하는 마음의 크기가
누구에게도 지지 않을 자신이 있기 때문이다.

남들은 어떻게든
하나의 단점에 끼워 맞춰 당신을 평가하지만,
나는 당신이 가진 수백 가지의 장점을
찾아낼 수 있으니까.

남들은 당신이
백 가지의 단점을 지닌 사람처럼 말하지만,
나는 당신이 가진 단 하나의 장점만으로도
당신을 사랑할 수 있으니까.

남들의 눈에는 부족해 보일지 모르는
당신의 모든 모습을
나는 기쁘게 안아줄 사람이니까.

실은 당신도,
부족한 나를 감싸주는 사람임을
나는 누구보다 잘 알고 있으니까.

그것이 당신이 나를, 내가 당신을
놓치지 말아야 하는 이유다.

나는 당신의, 당신은 나의
진가를 알아보는 사람이니까.

가장 완벽하게
행복한 순간에 대하여

정말 사랑할 때,
정말 사랑받을 때,
정말 행복할 때,
문득 스치는 생각이 있다.

나 이렇게 행복해도 될까,
내 행복이 이렇게 완벽해도 될까,
이 행복 실화일까,
언젠가 깨지는 건 아닐까.

아무렴 어떠랴.

어차피 정답이 없다면
내가 느끼는 그 순간의 감정에
최선을 다하면 되는 것을.

완벽하게 행복한 지금 이 순간
내가 느꼈다면 그것이 맞다.

완벽하게 행복한 순간에 대한 답은
오직 나에게 달려 있다.

에필로그

사랑을 하기 가장 좋은 나이는

사랑을 하기에 가장 좋은 나이는,

지금 내가 느끼는 감정이
무엇인지 알 수 없을 만큼
두근거리는 설렘이 가득하던 10대의 날.

당신의 미소 하나에 세상을 다 가진 듯
풋풋하지만 뜨거웠던 20대의 날.

나를 향한 당신의 마음이 고마워
나는 당신에게 무엇을 줄 수 있을까
조심스럽게 행복한 고민을 하던 30대의 날.

당신의 어깨에 놓인 삶의 무게를
내가 함께 들어주고 싶던
머쓱하지만 여전히 아이 같던 40대의 날.

때로는 혼자 있고 싶은
서로의 마음을 헤아릴 수 있을 만큼
어려워도 조금은 성숙해진 50대의 날.

우리의 편안함도, 익숙함도, 무뎌짐도,
그 어떤 감정도 모두 당신이기에
오롯이 소중한 것이었음을 알게 된 60대의 날.

지금을 함께할 수 있음에
모든 시간이 선물이 되어 돌아온 70대의 날.

우리의 인연이 또다시 닿을 수 있을까
먹먹함에 눈물이 차오르던 80대의 날.

실은 사랑을 하기 가장 좋은 나이는,
우리의 모든 날들이었음을.

온 마음을 담아
태희

사랑의 결이 다름에서 같음으로 향하는 여정
우리의 결이 같기를 바란다

초판 1쇄 인쇄 2021년 6월 22일
초판 2쇄 발행 2021년 8월 23일

지은이 | 태희

펴낸이 | 이은화
기획편집 | 이은화
디자인 | 정나영
펴낸곳 | 피어오름

주소 서울시 성북구 정릉로12길 26
전화 02-942-5376
팩스 02-6008-9194
전자우편 piuoreumbooks@naver.com
홈페이지 www.piuoreum.com

ISBN 979-11-964641-7-2

이 책의 판권은 지은이와 피어오름에 있습니다.
이 책 내용의 전부 또는 일부를 이용하려면 반드시 피어오름의 동의를 받아야 합니다.
책 값은 뒤표지에 있습니다.